CHRISTMAS ACTIVITY BOOK FOR KIDS

AGES 12-14 YEARS OLD

Copyright © 2022

Puzzle and text are Copyright 2022-2023

The rights are reserved for the publisher, it is not allowed
To publish, copy, use any part of this book or republish any paper
this book is for personal use only, a commercial use not allow

Disclaimer

The puzzles, games and activities in this book are for entertainment purposes only. although the author and publisher have worked very hard to ensure that the information in this book is accurate, the rader should be aware that errors and or omissions may occur. the author and publisher disclaime any lability to any person or party for any loss resulting from reliance on any information in this book.

TABEL OF CONTENTS

1-SUDOKU---5

2-COLORING---12

3-WORD SEARCH---------------------------------------16

4-CALCUDOKU---22

5-MAZES---29

6-NUMBER FILL IN-------------------------------------36

7-WORD SCRAMBLE-------------------------------------43

8-CROSSWORD---48

9-WARSHIP---53

10-TIC TAC LÓGIC-------------------------------------60

11-HANGMAN--67

12-TIC TAC TOE---------------------------------------71

13-KAKURASU---75

14-SCYSCRAPER---------------------------------------82

15-ABC PATH---89

16-MINE FINDER---------------------------------------96

17-WORD PUZZLE--------------------------------------103

HOW TO PLAY
SUDOKU

Sudoku is 9x9 (classic, adult version), or 4x4 and 6x6 (kids versions) grid puzzle game.

In the adult version, the objective is to fill the 9×9 grid with digits so that each column, each row, and each of the nine 3×3 subgrids that compose the grid (also called "boxes", "blocks", or "regions") contain all of the digits from 1 to 9.

You are provided a partially completed puzzle to complete, with a single solution.

In the adult version, 4 difficulty levels can be found, Easy, Intermediate, Hard and Insane.

SUDOKU - 1

	4	3	5		
2		5		4	
	1		2	5	
5	3				4
	2		1	6	5
6		1		3	2

SUDOKU - 2

5	6		3		4
		2		1	6
	1	3			2
	2		6	3	
1	3		2	4	
2		4	1		

SUDOKU - 3

	5	2	3		1
3			5	6	
	2			5	3
4	3	5			6
		3	1	2	
2	4	1			

SUDOKU - 4

	2	3	6		
4	5		1	3	
6	3				4
		1	3		6
3				5	1
2		5		6	3

SUDOKU - 5

	1	4			6
6		3		4	
	3			6	4
4			3		5
3		6	4	5	
1	4		6		3

SUDOKU - 6

1		5			6
4	6			1	3
5			6		2
	2	6		4	
	4		2	5	1
		1	3	6	

SUDOKU - 7

2	3			1	
	1		3		2
	6		1	2	
1	5	2	4		
5		1		6	3
		6		4	1

SUDOKU - 8

	5		4		2
	6	2		3	
6	4	5	2		
1			5	4	6
2		4	6		
		6		2	4

SUDOKU - 9

4	5		2		
		3	6	4	
6		4	3	5	
2	3				4
	6	1		2	3
			5	1	6

SUDOKU - 10

	1			2	3
6	2	3	5		
5		4		3	
		1	4	5	6
1	4		3		
		6	2		1

SUDOKU - 11

	2		3	6	
	6	3		4	2
6		1	2		
5	3		6		4
2		6	4		
	5			2	6

SUDOKU - 12

5	3	6			
1			5	3	
		3	2	5	1
	5		4	6	
6		2			5
	1	5	6		4

SUDOKU - 13

4			6		2
	5	2		1	
5			2	4	
	2	4			1
1	3		4		5
	4	5	1	3	

SUDOKU - 14

	3	1		5	
5	2			3	1
2			1		3
1			2	6	5
	1	6	5		
		2	3		6

SUDOKU - 15

3			1	5	
	6	1	2		3
1				3	2
4	3		6		
6		5	3		
	4	3		6	1

SUDOKU - 16

6	1			3	2
	5		4	6	
1		6	2		
2			6		3
		1		5	6
5	6	3		2	

SUDOKU - 17

3	4		1		
6	1	2			4
		4	6	3	5
	3	6			2
	5		2	6	
2			3		4

SUDOKU - 18

	4		3		6
5	6		2	1	
4		6	1		
3	2		4	6	
6		4			1
		5		4	3

SUDOKU - 1 (Solution)

1	4	3	5	2	6
2	6	5	3	4	1
4	1	6	2	5	3
5	3	2	6	1	4
3	2	4	1	6	5
6	5	1	4	3	2

SUDOKU - 2 (Solution)

5	6	1	3	2	4
3	4	2	5	1	6
6	1	3	4	5	2
4	2	5	6	3	1
1	3	6	2	4	5
2	5	4	1	6	3

SUDOKU - 3 (Solution)

6	5	2	3	4	1
3	1	4	5	6	2
1	2	6	4	5	3
4	3	5	2	1	6
5	6	3	1	2	4
2	4	1	6	3	5

SUDOKU - 4 (Solution)

1	2	3	6	4	5
4	5	6	1	3	2
6	3	2	5	1	4
5	4	1	3	2	6
3	6	4	2	5	1
2	1	5	4	6	3

SUDOKU - 5 (Solution)

2	1	4	5	3	6
6	5	3	1	4	2
5	3	1	2	6	4
4	6	2	3	1	5
3	2	6	4	5	1
1	4	5	6	2	3

SUDOKU - 6 (Solution)

1	3	5	4	2	6
4	6	2	5	1	3
5	1	4	6	3	2
3	2	6	1	4	5
6	4	3	2	5	1
2	5	1	3	6	4

SUDOKU - 7 (Solution)

2	3	5	6	1	4
6	1	4	3	5	2
4	6	3	1	2	5
1	5	2	4	3	6
5	4	1	2	6	3
3	2	6	5	4	1

SUDOKU - 8 (Solution)

3	5	1	4	6	2
4	6	2	1	3	5
6	4	5	2	1	3
1	2	3	5	4	6
2	3	4	6	5	1
5	1	6	3	2	4

SUDOKU - 9 (Solution)

4	5	6	2	3	1
1	2	3	6	4	5
6	1	4	3	5	2
2	3	5	1	6	4
5	6	1	4	2	3
3	4	2	5	1	6

SUDOKU - 10 (Solution)

4	1	5	6	2	3
6	2	3	5	1	4
5	6	4	1	3	2
2	3	1	4	5	6
1	4	2	3	6	5
3	5	6	2	4	1

SUDOKU - 11 (Solution)

4	2	5	3	6	1
1	6	3	5	4	2
6	4	1	2	3	5
5	3	2	6	1	4
2	1	6	4	5	3
3	5	4	1	2	6

SUDOKU - 12 (Solution)

5	3	6	1	4	2
1	2	4	5	3	6
4	6	3	2	5	1
2	5	1	4	6	3
6	4	2	3	1	5
3	1	5	6	2	4

SUDOKU - 13 (Solution)

4	1	3	6	5	2
6	5	2	3	1	4
5	6	1	2	4	3
3	2	4	5	6	1
1	3	6	4	2	5
2	4	5	1	3	6

SUDOKU - 14 (Solution)

6	3	1	4	5	2
5	2	4	6	3	1
2	6	5	1	4	3
1	4	3	2	6	5
3	1	6	5	2	4
4	5	2	3	1	6

SUDOKU - 15 (Solution)

3	2	4	1	5	6
5	6	1	2	4	3
1	5	6	4	3	2
4	3	2	6	1	5
6	1	5	3	2	4
2	4	3	5	6	1

SUDOKU - 16 (Solution)

6	1	4	5	3	2
3	5	2	4	6	1
1	3	6	2	4	5
2	4	5	6	1	3
4	2	1	3	5	6
5	6	3	1	2	4

SUDOKU - 17 (Solution)

3	4	5	1	2	6
6	1	2	3	5	4
1	2	4	6	3	5
5	3	6	4	1	2
4	5	1	2	6	3
2	6	3	5	4	1

SUDOKU - 18 (Solution)

1	4	2	3	5	6
5	6	3	2	1	4
4	5	6	1	3	2
3	2	1	4	6	5
6	3	4	5	2	1
2	1	5	6	4	3

COLORING

HOW TO PLAY
WORD SEARCH

A word search puzzle is a word game that consists of the letters of words placed in a grid, which usually has a rectangular or square shape.

The objective of this puzzle is to find and mark all the words hidden inside the box.

The words may be placed horizontally, vertically, or diagonally.

Often a list of the hidden words is provided, but more challenging puzzles may not provide a list.

Many word search puzzles have a theme to which all the hidden words are related such as food, animals, or colors.

Puzzle # 15

```
P X Y Y N A S B V L U P X W Z Y L
V I C Q O S D M U O W Y C E C L D
H R A W K U L F V Q V Q V N U X C
R N X Y J R Y U G E J L A U P M R
D X R X I O K I B E E F Y K G Q L
L W H L J J C R A U C U P G I C Z
H Z P F A I T H F U L H N H V W G
U N V N H S B U Y L X I Y T I C O
B E G E N E R O U S T W H V N S L
G A Z R H H B F C S D W A F G W D
J G B U X Q E C E Q F E L S V C E
A O K Z F P D R A N E Q H A D R N
T B D J O Z E F A N T A S T I C Y
Y V J H R T P H Q J E S D I N P J
E T W J N S T L I Q R F S O I X C
P L N I D J H X Y H I L M H M E F
L N N F Q F A N T A S T I C A L G
```

FAITHFUL	FANCY
FANTASTIC	FANTASTICAL
GENEROUS	GIVING
GOLDEN	HOPEFUL
INTERESTING	JOYFUL

Puzzle # 16

```
M A A V S P X B N D M Y R N J M E
H S W C A N D L E L I T D J B F D
P F Z N M W G R A C I O U S Z K B
I Z L A V I S H N D U S V B E T M
N G Z J L B E W I F Y C T B I A Z
T I R K H O P E F U L Z N R H H Z
E B S E G A G P T L H J V I Y V J
R O R O A L M L T O U D J S D L N
E G Z R A T W R P V R D Y K A D Q
S Q A F K T C H B E B P W C X U U
T Y W S Y R W Z O L C Q I S A S B
I U B Z X P K U F Y O G U F P M H
N S B N J O Y F U L A G Q Y X V U
G A G T R J R N O M V B A Y D B O
I P R T R E G R Z O Y Q U Y O J W
C E S D I I Y X S N Y X D C W M S
G X N S R Y U G I E Q X A O N P B
```

BRISK
GRACIOUS
HOPEFUL
JOYFUL
LOVELY

CANDLELIT
GREAT
INTERESTING
LAVISH
MAGICAL

Puzzle # 17

```
I Q F V U Q M Y Y K G M K Z L P Q
F I N T E R E S T I N G Q T H Y C
C Z X I Z X X Z B U M E M I I M P
A P K I D Q Q P O O R I G I N A L
C P H L Q U C B M J T U Y B F G O
Z Z T P D W O L A M M N J Y R N H
N P I M W G W P S I Y S R G E I T
W E X B N L I D I R S C R A L F J
T A S F W S H P B A T D I S A I U
E C T W U R O Z V C I P B Y X C T
B E C G F U P V H U C D B W I E K
Q F K H Y J E T Y L A N O B N N K
W U I J O Y F U L O L V N X G T G
J L H B O U U Q Y U L Q S V L Q N
X D K Z V O L H I S U O O K E T S
G G O Z C P Z P G K V M O C F B V
U N W N U W L W H I T N J J W F Y
```

HOPEFUL	INTERESTING
JOYFUL	MAGNIFICENT
MIRACULOUS	MYSTICAL
ORIGINAL	PEACEFUL
RELAXING	RIBBONS

Puzzle # 18

```
Y  K  N  V  B  R  M  O  C  Y  X  L  D  T  Y  U  D
S  E  A  S  O  N  A  L  O  D  P  G  U  H  Y  G  T
F  X  W  L  H  X  B  E  U  Y  H  T  N  L  N  J  X
Q  H  R  K  X  E  V  F  M  L  E  L  A  I  G  A  M
A  R  L  F  S  Q  D  R  Z  X  U  I  T  T  A  K  C
S  E  S  P  I  K  E  D  H  F  C  S  L  X  Q  G  L
B  L  O  G  Y  T  B  Y  E  E  E  U  U  L  B  B  M
P  I  K  N  L  Z  U  P  P  R  F  F  O  F  R  C  I
R  G  V  Q  S  Z  O  S  E  Y  M  Q  W  S  A  Q  D
L  I  T  U  P  H  Q  T  O  F  A  H  L  G  W  A  G
X  O  E  D  A  S  N  J  K  C  U  U  R  S  Q  U  O
E  U  B  A  R  I  W  W  U  D  O  E  Z  O  K  W  H
U  S  O  V  K  E  Z  R  R  I  E  A  O  X  E  X  C
Z  O  L  M  L  B  X  W  X  Q  L  M  O  G  F  B  K
M  K  Z  W  I  X  N  F  L  O  D  G  F  A  C  A  J
N  Y  K  K  N  H  R  E  M  A  R  K  A  B  L  E  N
X  H  O  G  G  Y  S  C  R  U  M  P  T  I  O  U  S
```

HOPEFUL   INTERESTING
JOYFUL   RELIGIOUS
REMARKABLE   SCRUMPTIOUS
SEASONAL   SPARKLING
SPECIAL   SPIKED

Puzzle # 15 Solution

```
P X Y Y N A S B V L U P X W Z Y L
V I C Q O S D M U O W Y C E C L D
H R A W K U L F V Q V Q V N U X C
R N X Y J R Y U G E J L A U P M R
D X R X I O K I B E E F Y K G Q L
L W H L J J C R A U C U P G I C Z
H Z P F A I T H F U L H N H V W G
U N V N H S B U Y L X I Y T I C O
B E G E N E R O U S T W H V N S L
G A Z R H H B F C S D W A F G W D
J G B U X Q E C E Q F E L S V C E
A O K Z F P D R A N E Q H A D R N
T B D J O Z E F A N T A S T I C Y
Y V J H R T P H Q J E S D I N P J
E T W J N S T L I Q R F S O I X C
P L N I D J H X Y H I L M H M E F
L N N F Q F A N T A S T I C A L G
```

Puzzle #16 - Solution

```
M A A V S P X B N D M Y R N J M E
H S W C A N D L E L I T D J B F D
P F Z N M W G R A C I O U S Z K B
I Z L A V I S H N D U S V B E T M
N G Z J L B E W I F Y C T B I A Z
T I R K H O P E F U L Z N R H H Z
E B S E G A G P T L H J V I Y V J
R O R O A L M L T O U D J S D L N
E G Z R A T W R P V R D Y K A D Q
S Q A F K T C H B E B P W C X U U
T Y W S Y R W Z O L C Q I S A S B
I U B Z X P K U F Y G U F P M H
N S B N J O Y F U L A G Q Y X V U
G A G T R J R N O M V B A Y D B O
P R T R E G R Z O Y Q U Y O J W
C E S D I I Y X S N Y X D C W M S
G X N S R Y U G I E Q X A O N P B
```

Puzzle # 17 - Solution

```
I Q F V U Q M Y Y K G M K Z L P Q
F I N T E R E S T I N G Q T H Y C
C Z X I Z X X Z B U M E M I I M P
A P K I D Q Q P O R I G I N A L
C P H L Q U C B M J T U Y B F G O
Z Z T P D W O L A M M N J Y R N H
N P I M W G W P S I Y S R G E I T
W E X B N L I D I R S C R A L F J
T A S F W S H P B A T D I S A I U
E C T W U R O Z V C I P B Y X C T
B E C G F U P V H U C D B W I E K
Q F K H Y J E T Y L A N O B N N
W U I J O Y F U L O L V N X G T G
J L H B O U U Q Y U L Q S V L Q N
X D K Z V O L H I S U O O K E T S
G G O Z C P Z P G K V M O C F B V
U N W N U W L W H I T N J J W F Y
```

Puzzle # 18 - Solution

```
Y K N V B R M O C Y X L D T Y U D
S E A S O N A L O D P G U H Y G T
F X W L H X B E U Y H T N L N J X
Q H R K X E V F M L E L A I G A M
A R L F S Q D R Z X U I T T A K C
S E S P I K E D H F C S L X Q G L
B L O G Y T B Y E E E U U L B B M
P I K N L Z U P P R F F O F R C I
R G V Q S Z O S E Y M Q W S A Q D
L I T U P H O T O F A H L G W A G
X O E D A S N J K C U U R S Q U O
E U B A R I W W U D O E Z O K W H
U S O V K E Z R R I E A O X E X C
Z O L M L I X N F L O D G F A C A J
M K Z W I X N F L O D G F A C A J
N Y K K N H R E M A R K A B L E N
X H O G G Y S C R U M P T I O U S
```

HOW TO PLAY
CALCUDOKU

Each puzzle consists of a grid containing blocks surrounded by bold lines. The object is to fill all empty squares so that the numbers 1 to N (where N is the number of rows or columns in the grid) appear exactly once in each row and column and the numbers in each block produce the result shown in the top-left corner of the block according to the math operation appearing on the top of the grid. In CalcuDoku a number may be used more than once in the same block. Single, double or multi-operator can be used.

In multi-operator option, all operators could not be used in a grid.

CALCUDOKU - 1

CALCUDOKU - 2

CALCUDOKU - 3

CALCUDOKU - 4

CALCUDOKU - 5

CALCUDOKU - 6

CALCUDOKU - 7

CALCUDOKU - 8

CALCUDOKU - 9

CALCUDOKU - 10

CALCUDOKU - 11

CALCUDOKU - 12

CALCUDOKU - 13

	8+		8x
		2÷	
	4		
2÷	3	12x	6+

CALCUDOKU - 14

		6x	4
	3	2-	
	2-		2÷
12x			3÷

CALCUDOKU - 15

1	1÷		
	4x		3÷
12x		12x	2
6x			

CALCUDOKU - 16

	2÷		
2x		11+	3
	10+		2÷
	4		2x

CALCUDOKU - 17

4x		12x	1
		7+	
3		4÷	7+
4÷			

CALCUDOKU - 18

1-	2		12x
			4
4÷	3÷		1-
	1-		

CALCUDOKU - 1 (Solution)

4	1	2	3 (1-)
1 (4÷)	2	3 (6x)	4 (4)
2 (1-)	3	4	1 (1-)
3 (3)	4 (1÷)	1	2

CALCUDOKU - 2 (Solution)

4 (2÷)	3	1 (3x)	2 (24x)
2	1	4	3
3 (6+)	4	2 (2÷)	1
1	2	3 (8+)	4

CALCUDOKU - 3 (Solution)

4 (4)	2	3	1 (5+)
2 (2)	4	1	3 (7+)
3	1 (2÷)	2	4
1	3 (1÷)	4	2 (8+)

CALCUDOKU - 4 (Solution)

3 (18x)	2	1 (2÷)	4 (4)
4 (2÷)	3	2	1
2	1	4 (8+)	3
1 (1)	4	3	2 (9+)

CALCUDOKU - 5 (Solution)

2	1 (6x)	4	3
3	2 (2)	1	4 (48x)
4 (4)	3 (6+)	2	1 (6+)
1 (4÷)	4	3	2

CALCUDOKU - 6 (Solution)

1	2 (6x)	4	3 (1-)
2 (2÷)	3	1 (1)	4 (4)
3	4	2 (2÷)	1
4 (48x)	1	3	2 (6x)

CALCUDOKU - 7 (Solution)

3÷			
1	3	2	4
3	1- 4	2÷ 1	6x 2
2- 4	2	3	1
2	1- 1	4	1- 3

CALCUDOKU - 8 (Solution)

	7+	1	6x
3	4	1	2
4	1	2	3
2	24x 3	2÷ 4	1
1 1	1- 2	3	4÷ 4

CALCUDOKU - 9 (Solution)

	7+	1-	
3	4	1	2
1	3	12x 2	4 4
12x 4	2	3	3÷ 1
2 2	4÷ 1	4	3

CALCUDOKU - 10 (Solution)

3-		24x	
4	1	3	2
1	2	4	3
3÷ 3	4 4	2÷ 2	6x 1
1- 2	3	1	4

CALCUDOKU - 11 (Solution)

2÷			6x
4	1	3	2
2	3	1	8+ 4
1	2	2÷ 4	3 3
3	4	9+ 2	1 1

CALCUDOKU - 12 (Solution)

6x		1-	
1	4	3	2
3	2	4 4	1
2	24x 3	1 1	2÷ 4
4	6x 1	2	3

CALCUDOKU - 13 (Solution)

3	1 (8+)	2	4 (8x)
4	2	1 (2÷)	3
1	4 (4)	3	2
2 (2÷)	3 (3)	4 (12x)	1 (6+)

CALCUDOKU - 14 (Solution)

2	1	3 (6x)	4 (4)
1	3 (3)	4 (2-)	2
3	4 (2-)	2	1 (2÷)
4 (12x)	2	1	3 (3÷)

CALCUDOKU - 15 (Solution)

1 (1)	2 (1÷)	4	3
3	4 (4x)	2	1 (3÷)
4 (12x)	1	3 (12x)	2 (2)
2 (6x)	3	1	4

CALCUDOKU - 16 (Solution)

2	1 (2÷)	3	4
1 (2x)	2	4 (11+)	3 (3)
4	3 (10+)	1	2 (2÷)
3	4 (4)	2	1 (2x)

CALCUDOKU - 17 (Solution)

2 (4x)	3	4 (12x)	1 (1)
1	2	3 (7+)	4
3 (3)	4	1 (4÷)	2 (7+)
4 (4÷)	1	2	3

CALCUDOKU - 18 (Solution)

3 (1-)	2 (2)	4	1 (12x)
2	1	3	4 (4)
4 (4÷)	3 (3÷)	1	2 (1-)
1	4 (1-)	2	3

HOW TO PLAY
MAZES

The aim is to find your way to the exit after entering the maze. You can use your finger or a pen or pencil to trace your path through the maze.

Easy **MAZES - 1**

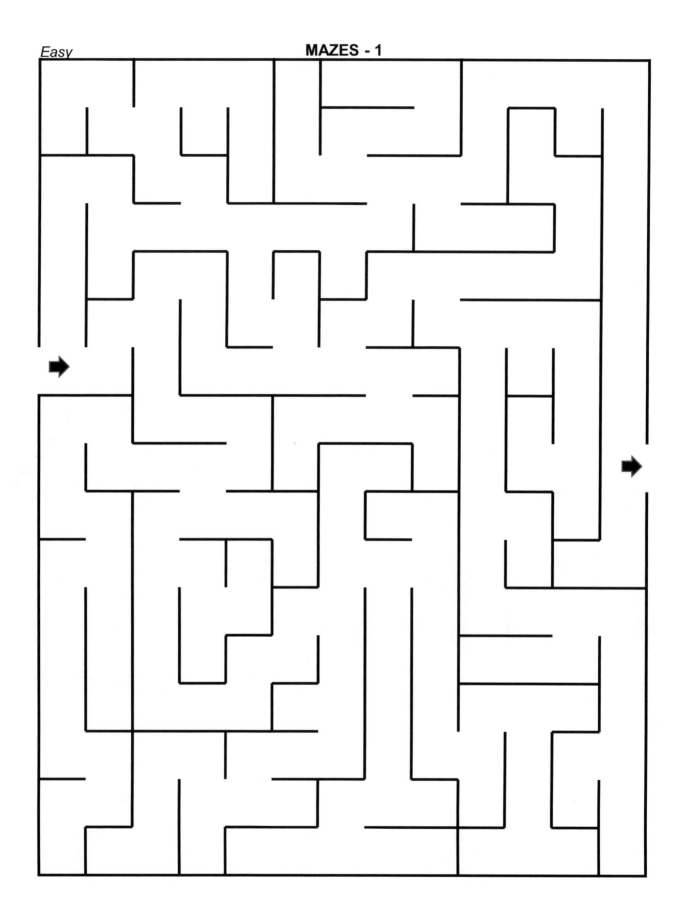

Easy   **MAZES - 2**

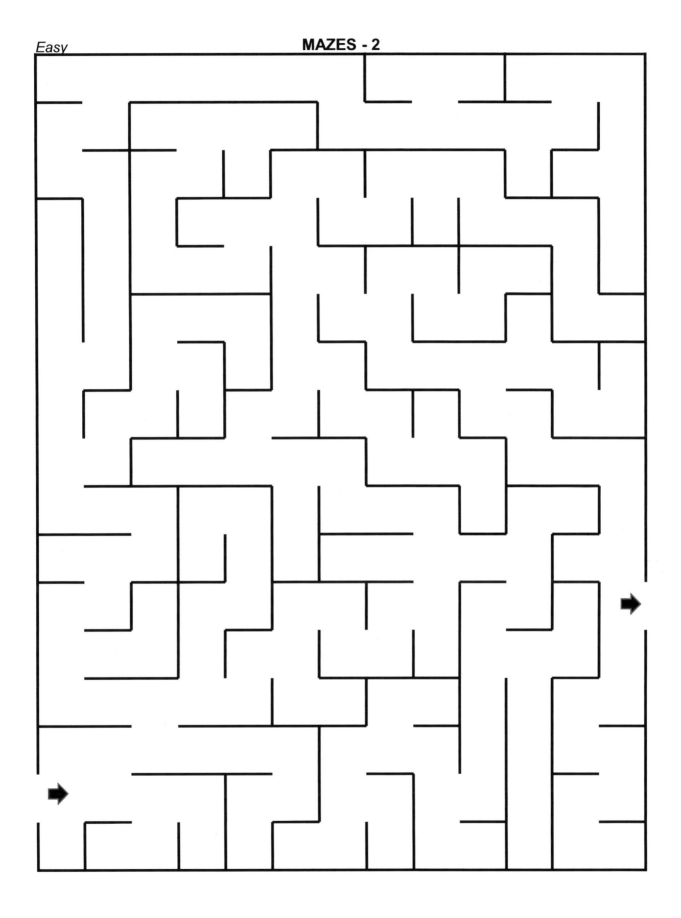

Easy **MAZES - 3**

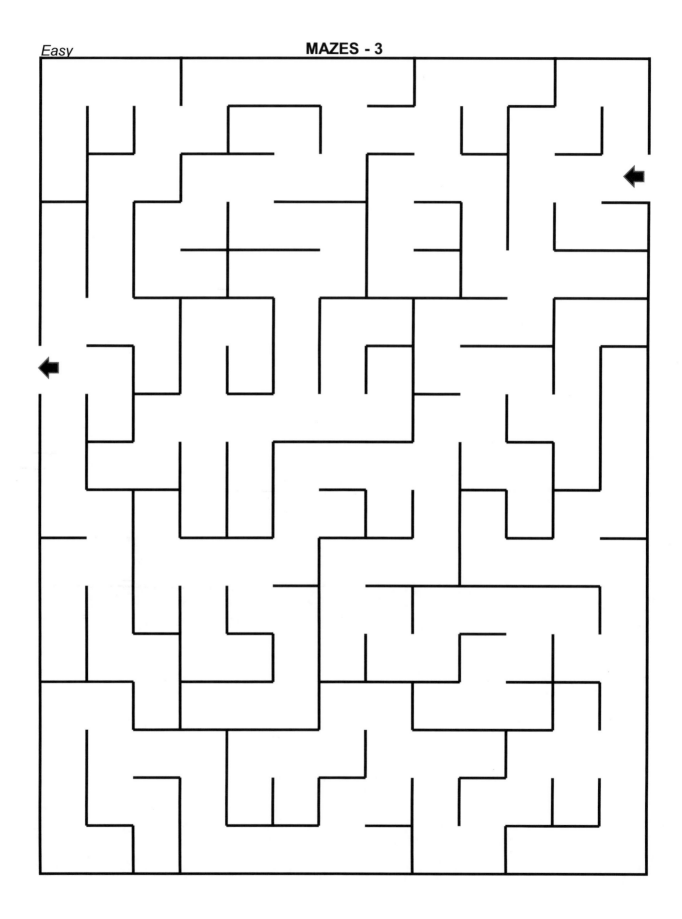

Easy MAZES - 1

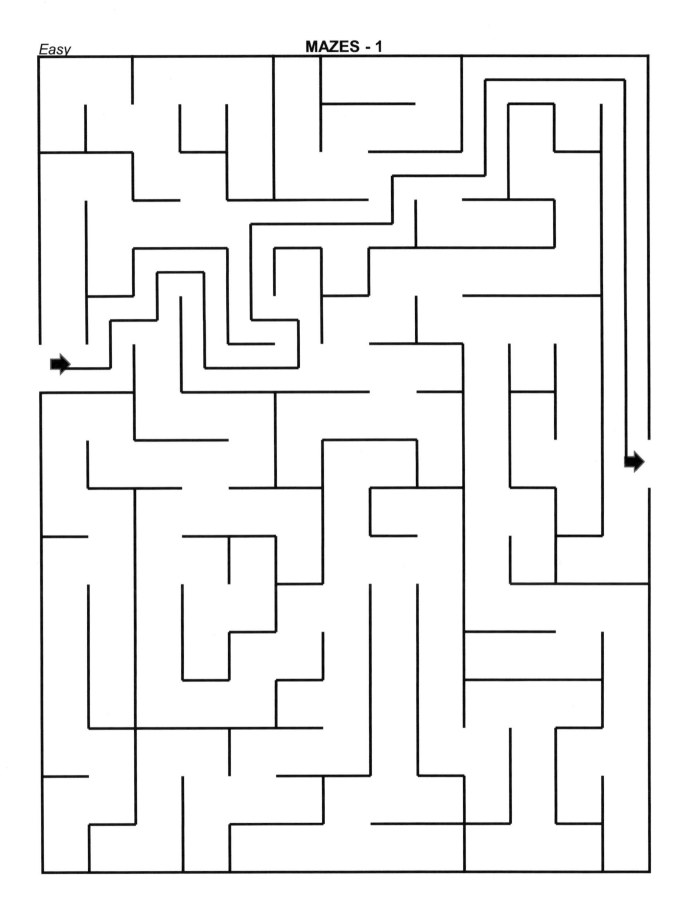

Easy **MAZES - 2**

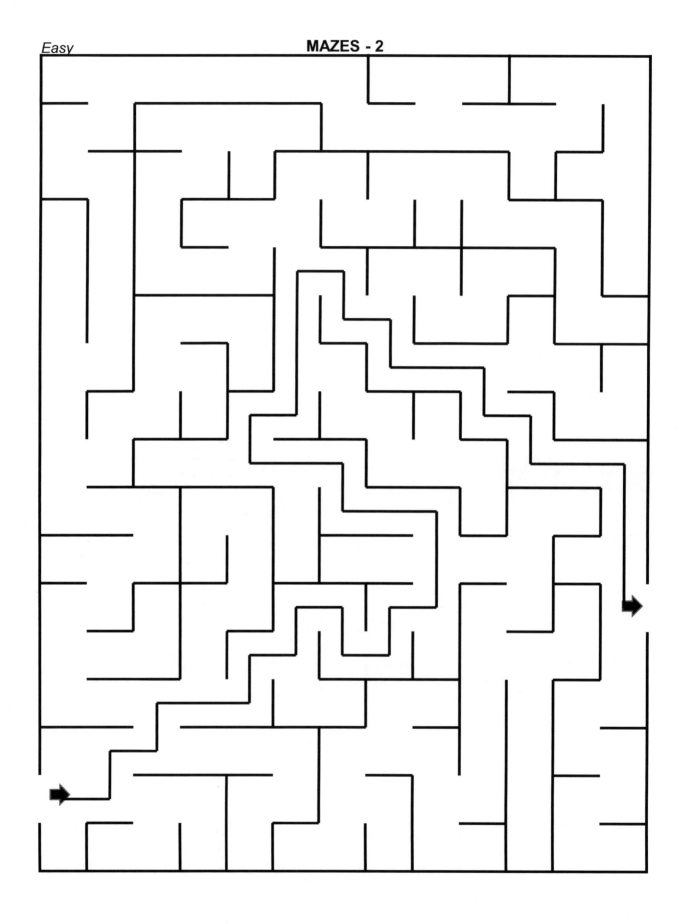

Easy **MAZES - 3**

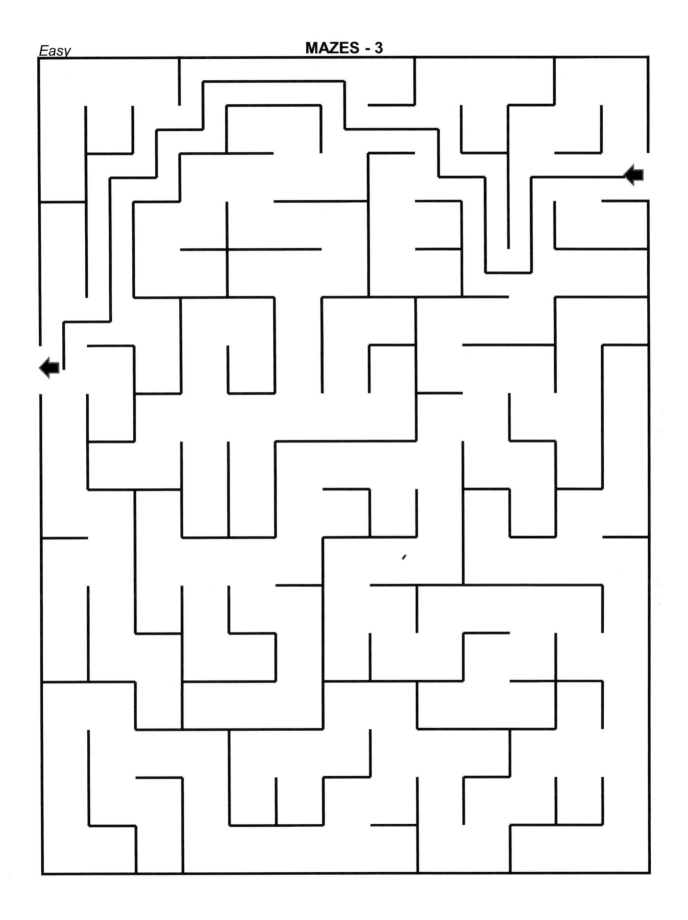

HOW TO PLAY
NUMBER FILL-IN

Number Place is played on a rectangular grid, in which some cells of the grid are shaded. Additionally, external to the grid, several numeric values are given, some denoted as horizontal, and some denoted as vertical.

The puzzle functions as a simple numeric crossword puzzle. The object is to fill in the empty cells with single digits, such that the given numeric values appear on the grid in the orientation specified.

NUMBER FILL-IN - 1

ACROSS

55, 564, 1224, 246226, 335, 54, 123, 34, 1326, 26

DOWN

2253, 11246, 31, 456, 515, 224, 236, 43, 53, 166, 25

NUMBER FILL-IN - 2

ACROSS

355, 5155, 612626, 14, 515, 233, 24, 164633

DOWN

5324, 53562, 313615, 664, 41, 551, 52, 26, 615

NUMBER FILL-IN - 3

ACROSS

146, 42, 364435, 43, 313, 125, 231, 25, 4346442

DOWN

31, 23634, 341, 21, 43, 35, 446, 342, 346, 3212543

NUMBER FILL-IN - 4

ACROSS

5466, 4252, 45, 25, 61, 21, 2441, 35, 24621, 34

DOWN

11, 44261, 42, 1235, 44, 524, 5516, 65, 612, 254, 43, 31

NUMBER FILL-IN - 5

ACROSS

115623, 446554, 142, 254, 2555553, 6614, 51

DOWN

155, 615, 433, 465552, 62, 25145, 411, 615444

NUMBER FILL-IN - 6

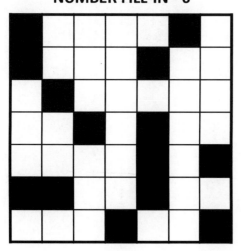

ACROSS

24, 145, 54, 3264, 4145, 64262, 16, 25, 211, 36, 62

DOWN

5224, 246, 424, 411, 654356, 31, 51, 665534

NUMBER FILL-IN - 7

ACROSS
32664,
2455,
1264,
4633, 353,
4342,
45656

DOWN
623, 22,
55, 446,
3654246,
556134,
366, 344

NUMBER FILL-IN - 8

ACROSS
22231,
665,
15262,
324, 24,
533, 43,
3252, 33

DOWN
521, 44,
12243,
222,
36523,
2533,
3636253

NUMBER FILL-IN - 9

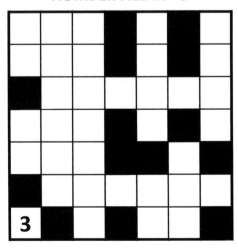

ACROSS
652146,
525, 452,
23, 243,
336,
256536

DOWN
34, 543,
25,
422356,
3556252,
12, 5166,
1654

NUMBER FILL-IN - 1 (Solution)

ACROSS

55, 564, 1224, 246226, 335, 54, 123, 34, 1326, 26

DOWN

2253, 11246, 31, 456, 515, 224, 236, 43, 53, 166, 25

NUMBER FILL-IN - 2 (Solution)

ACROSS

355, 5155, 612626, 14, 515, 233, 24, 164633

DOWN

5324, 53562, 313615, 664, 41, 551, 52, 26, 615

NUMBER FILL-IN - 3 (Solution)

ACROSS

146, 42, 364435, 43, 313, 125, 231, 25, 4346442

DOWN

31, 23634, 341, 21, 43, 35, 446, 342, 346, 3212543

NUMBER FILL-IN - 4 (Solution)

ACROSS

5466, 4252, 45, 25, 61, 21, 2441, 35, 24621, 34

DOWN

11, 44261, 42, 1235, 44, 524, 5516, 65, 612, 254, 43, 31

NUMBER FILL-IN - 5 (Solution)

ACROSS

115623, 446554, 142, 254, 2555553, 6614, 51

DOWN

155, 615, 433, 465552, 62, 25145, 411, 615444

NUMBER FILL-IN - 6 (Solution)

ACROSS

24, 145, 54, 3264, 4145, 64262, 16, 25, 211, 36, 62

DOWN

5224, 246, 424, 411, 654356, 31, 51, 665534

NUMBER FILL-IN - 7 (Solution)

	3			3	5	3
6		4	5	6	5	6
	2	4	5	5		6
3	2	6	6	4		
4			1	2	6	4
4		4	3	4	2	
	3		4	6	3	3

ACROSS

32664, 2455, 1264, 4633, 353, 4342, 45656

DOWN

623, 22, 55, 446, 3654246, 556134, 366, 344

NUMBER FILL-IN - 8 (Solution)

3			5		3	3
6	6	5				
3		2	2	2	3	1
6		1	5	2	6	2
2			3	2	5	2
5		4	3		2	4
3	2	4		5	3	3

ACROSS

22231, 665, 15262, 324, 24, 533, 43, 3252, 33

DOWN

521, 44, 12243, 222, 36523, 2533, 3636253

NUMBER FILL-IN - 9 (Solution)

2	4	3		1		5
5	2	5		6		1
	2	5	6	5	3	6
3	3	6		4		6
4	5	2			5	
	6	5	2	1	4	6
3		2		2	3	

ACROSS

652146, 525, 452, 23, 243, 336, 256536

DOWN

34, 543, 25, 422356, 3556252, 12, 5166, 1654

WORD SCRAMBLE

HOW TO PLAY
The aim is to find as many words as you can in the grid within 4 minutes, whilst adhering to the following rules

-The letters must be adjoining in a 'chain'. (Letters in the chain may be adjacent horizontally, vertically, or diagonally.)
-Each word must contain at least three letters.
-No letter 'box' may be used more than once within a single word.

SCORING

The scoring is as follow

Fewer than 3 Letters no score
3 Letters 1 point
4 Letters 1 point
5 Letters 2 points
6 Letters 3 points
7 Letters 4 points
8 or More Letters 11 points

RULES

-You can mark down the singular and plural forms of a noun e.g. dog & dogs
- You may only write a word down once even if you can form it with different letter 'boxes'
- Any word that is found in the Dictionary is allowed
- You can mark down words within other words e.g. with angled you could also have led and angle

Language

EH SI A OGD	
A DRE NEH	
DRWO3	
OD4RW	
5WRDO	
D6ROW	
DWR7O	
WOD8R	
9OWRD	
D0W1OR	
ARHSEP NEO	
AHSREP WTO	
PHRSEA ERETH	
PSEHAR UOFR	
HPASER VEIF	
ERHSPA XIS	
HAEPSR VNSEE	
HESAPR HGETHI	
ERPSAH NNIE	
SRPHAE ENT	

Sports

OST1PR	
OSPRT2	
3POTRS	
4ORTSP	
ORP5TS	
TOSPR6	
7TOSRP	
8RTOPS	
TS9OPR	
STRO01P	
R1OS1TP	
RTS2P1O	
PT31ORS	
SROP4T1	
P5S1TOR	
6SROTP1	
SPRT17O	
ORTP81S	
R91TSPO	
0PTROS2	

Language (Solution)

EH SI A OGD	He is a dog
A DRE NEH	A red hen
DRWO3	Word3
OD4RW	Word4
5WRDO	Word5
D6ROW	Word6
DWR7O	Word7
WOD8R	Word8
9OWRD	Word9
D0W1OR	Word10
ARHSEP NEO	Phrase one
AHSREP WTO	Phrase two
PHRSEA ERETH	Phrase three
PSEHAR UOFR	Phrase four
HPASER VEIF	Phrase five
ERHSPA XIS	Phrase six
HAEPSR VNSEE	Phrase seven
HESAPR HGETHI	Phrase heihgt
ERPSAH NNIE	Phrase nine
SRPHAE ENT	Phrase ten

Sports (Solution)

OST1PR	Sport1
OSPRT2	Sport2
3POTRS	Sport3
4ORTSP	Sport4
ORP5TS	Sport5
TOSPR6	Sport6
7TOSRP	Sport7
8RTOPS	Sport8
TS9OPR	Sport9
STRO01P	Sport10
R1OS1TP	Sport11
RTS2P1O	Sport12
PT31ORS	Sport13
SROP4T1	Sport14
P5S1TOR	Sport15
6SROTP1	Sport16
SPRT17O	Sport17
ORTP81S	Sport18
R91TSPO	Sport19
0PTROS2	Sport20

HOW TO PLAY CROSSWORD

A crossword is a word puzzle that usually takes the form of a square or a rectangular grid of white- and black-shaded squares.

The game's goal is to fill the white squares with letters, forming words or phrases, by solving clues, which lead to the answers.

In languages that are written left-to-right, the answer words and phrases are placed in the grid from left to right ("Across") and from top to bottom ("Down").

The shaded squares are used to separate the words or phrases.

CROSSWORD 1

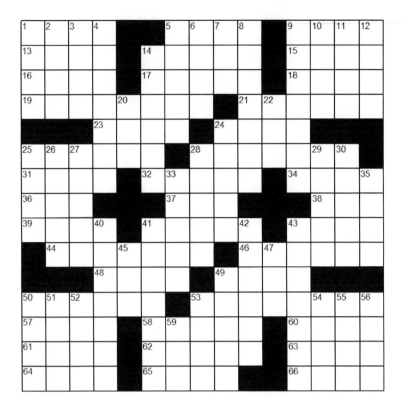

ACROSS

1 Leave undone
5 Asian dress
9 Rodent
13 "as you ___"
14 Edge stitch
15 Belief
16 Cereal ingredient
17 Ancient Indian
18 Gal
19 Canadian city
21 Student lodging
23 University (abbr.)
24 Redneck
25 Bogus
28 ___ Sunfire
31 Fallen
32 Amid
34 Invalidated
36 Expression of surprise
37 Gall
38 Stamping tool
39 Join
41 In the ___, person
43 National capital
44 Tasted
46 Spoke
48 Positive
49 Pixies
50 School writings
53 Draws
57 Sports event
58 Actor Paul (of Crocodile Dundee)
60 Wind
61 Speed
62 Type of wood
63 African river
64 Chichi
65 Cosecant's opposite
66 Brews

DOWN

1 Compass point
2 Lotion brand
3 Persia
4 Team flag
5 Looked over, with "up"
6 Acting (abbr.)
7 Caviar
8 Scratching
9 Football
10 Blue-pencil
11 Ecological communities
12 Lanky
14 Tropical fruit
20 Sorbet
22 Fall mo.
24 Beeps like a car
25 Fun
26 Hostess creation
27 Japanese city
28 Read over
29 Tax payer's fear
30 Climate
33 ___ per hour
35 Poisonous metal
40 Emotional understanding
41 Turns red
42 Processed corn
43 Italian dish
45 Wooden sheet
47 Revolutions per minute
49 Silly
50 Austin novel
51 Scorch
52 Clique
53 Competition at the Greek games
54 Animal's end part
55 Women's magazine
56 Perceives with eye
59 Kimono sash

CROSSWORD 2

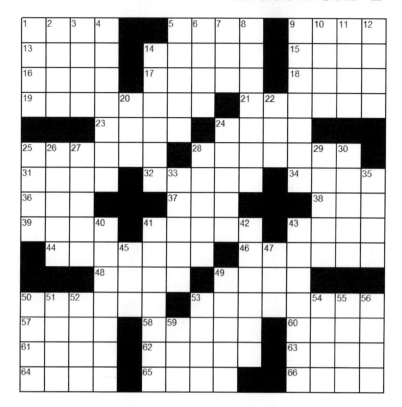

ACROSS

1 Stain
5 Compass point
9 Animal insect
13 National capital
14 Dismay
15 Prevaricator
16 Swerve
17 Small amount
18 Niche
19 Denim work trouser
21 Carsickness symptom queasiness
23 Eager
24 September (abbr.)
25 Surroundings
28 Joy
31 Persia
32 Business mail
34 Scotsman
36 Zip
37 Cut grass
38 Possessive pronoun
39 Island
41 Damply
43 Sand pile
44 Cleanliness
46 Surface
48 High School senior
49 Jester
50 Goal maker
53 Metal urns with spigots
57 Tropical edible root
58 Musical production
60 Teen hero
61 Opaque gem
62 Not rural
63 Treaty organization
64 Cured
65 Has toed
66 Planted

DOWN

1 Ave.'s opposite
2 In ___ of
3 Bode
4 Barter
5 Fastness
6 Fencing sword
7 Disallow
8 Guile
9 Mexican deep fried food
10 Mouth parts
11 Relive
12 Region
14 Roman's courtyard
20 Avenue
22 Liable
24 Frown
25 Short
26 UK members
27 Not strictly
28 Show emotions
29 Scrub
30 Baby, for example
33 Improve
35 Elm
40 Won ton companion (2 wds.)
41 Tire (2 wds.)
42 Navy cleric
43 Digging into
45 Wrath
47 Cow sound
49 Unit of electric capacitance
50 Store
51 Point
52 Spoken
53 Southeast by east
54 6th month (Jewish calendar)
55 Memorization
56 Not fast
59 For

CROSSWORD 1 (Solution)

S	K	I	P	■	■	S	A	R	I	■	P	E	S	T
W	E	R	E	■	P	I	C	O	T	■	I	D	E	A
B	R	A	N	■	A	Z	T	E	C	■	G	I	R	L
W	I	N	N	I	P	E	G	■	H	O	S	T	E	L
■	■	■	A	C	A	D	■	H	I	C	K	■	■	■
P	H	O	N	E	Y	■	P	O	N	T	I	A	C	■
L	O	S	T	■	A	M	O	N	G	■	N	U	L	L
A	H	A	■	■	■	I	R	K	■	■	■	D	I	E
Y	O	K	E	■	F	L	E	S	H	■	L	I	M	A
■	S	A	M	P	L	E	D	■	O	R	A	T	E	D
■	■	■	P	L	U	S	■	I	M	P	S	■	■	■
E	S	S	A	Y	S	■	A	N	I	M	A	T	E	S
M	E	E	T	■	H	O	G	A	N	■	G	A	L	E
M	A	C	H	■	E	B	O	N	Y	■	N	I	L	E
A	R	T	Y	■	S	I	N	E	■	■	A	L	E	S

CROSSWORD 2 (Solution)

B	L	O	B	■	■	S	E	B	S	■	F	L	E	A
L	I	M	A	■	A	P	P	A	L	■	L	I	A	R
V	E	E	R	■	T	E	E	N	Y	■	A	P	S	E
D	U	N	G	A	R	E	E	■	N	A	U	S	E	A
■	■	■	A	V	I	D	■	S	E	P	T	■	■	■
M	I	L	I	E	U	■	E	C	S	T	A	S	Y	■
I	R	A	N	■	M	E	M	O	S	■	S	C	O	T
N	I	X	■	■	M	O	W	■	■	■	O	U	R	■
I	S	L	E	■	W	E	T	L	Y	■	D	U	N	E
■	H	Y	G	I	E	N	E	■	E	M	E	R	G	E
■	■	■	G	R	A	D	■	F	O	O	L	■	■	■
S	C	O	R	E	R	■	S	A	M	O	V	A	R	S
T	A	R	O	■	O	P	E	R	A	■	I	D	O	L
O	P	A	L	■	U	R	B	A	N	■	N	A	T	O
W	E	L	L	■	T	O	E	D	■	G	R	E	W	

HOW TO PLAY
WARSHIPS

The only available information are numbers telling you how many ship segments are in each row and column, and some given ship segments in various places in the grid.

The object is to discover where all ten ships are located in the grid.

The fleet consists of
1. battleship (4 squares)
2. cruisers (3 squares)
3. destroyers (2 squares)
4. submarines (1 squares)

A solid block signifies a middle part of a ship.

A curved shape signifies the start or the end of a ship.

The ships may be oriented horizontally and/or vertically in the grid, but not diagonally.

Ships can not occupy adjacent grid squares, even diagonally.

BATTLESHIP - 1

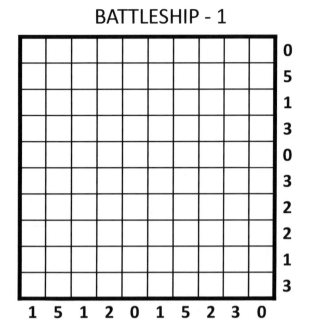

BATTLESHIP - 2

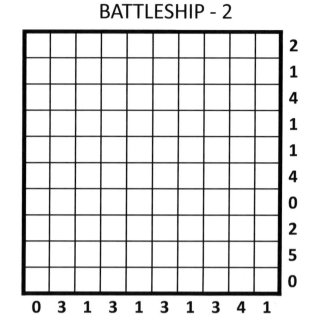

BATTLESHIP - 3

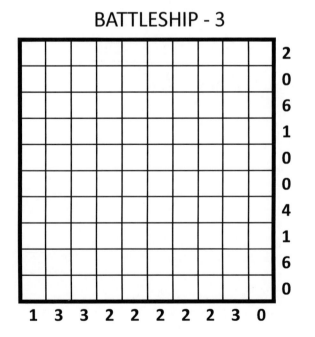

BATTLESHIP - 4

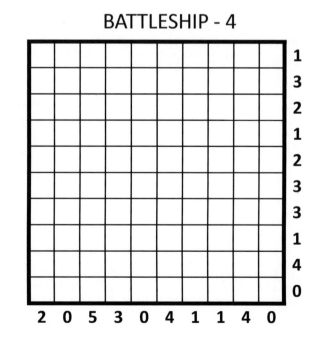

BATTLESHIP - 5

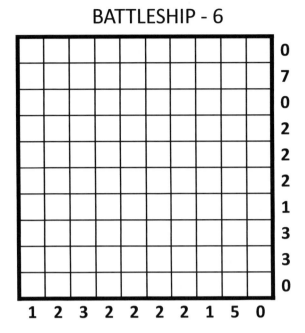

Right column: 1 3 2 2 3 3 2 3 1 0
Bottom row: 2 0 1 6 1 2 1 2 2 3

BATTLESHIP - 6

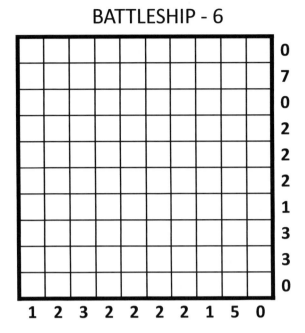

Right column: 0 7 0 2 2 2 1 3 3 0
Bottom row: 1 2 3 2 2 2 2 1 5 0

BATTLESHIP - 7

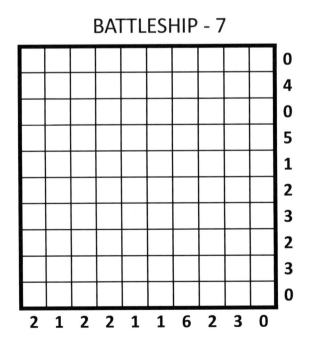

Right column: 0 4 0 5 1 2 3 2 3 0
Bottom row: 2 1 2 2 1 1 6 2 3 0

BATTLESHIP - 8

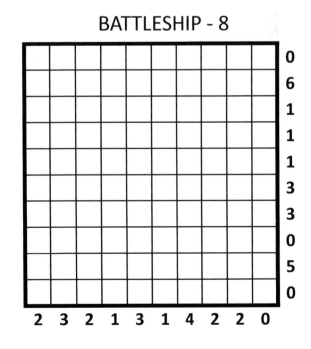

Right column: 0 6 1 1 1 3 3 0 5 0
Bottom row: 2 3 2 1 3 1 4 2 2 0

BATTLESHIP - 9

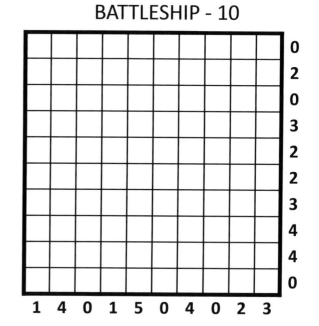

BATTLESHIP - 10

BATTLESHIP - 11

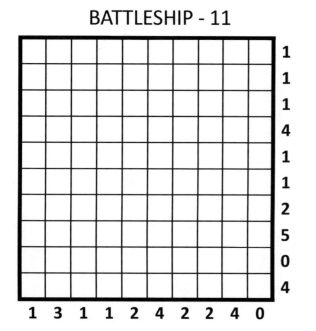

BATTLESHIP - 12

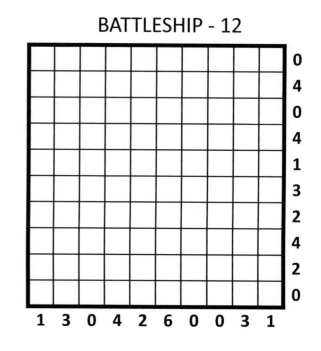

BATTLESHIP - 1 (Solution)

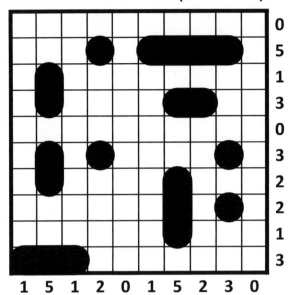

BATTLESHIP - 2 (Solution)

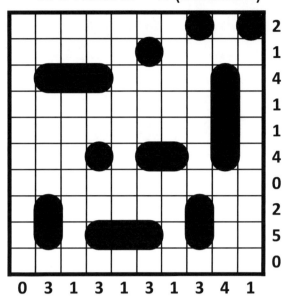

BATTLESHIP - 3 (Solution)

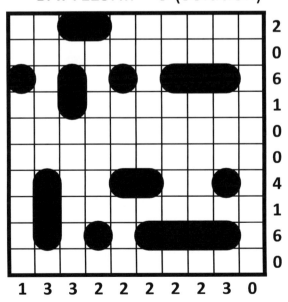

BATTLESHIP - 4 (Solution)

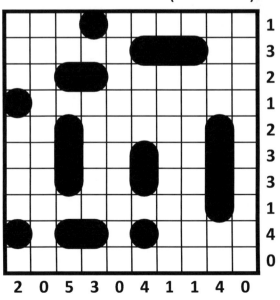

BATTLESHIP - 5 (Solution)

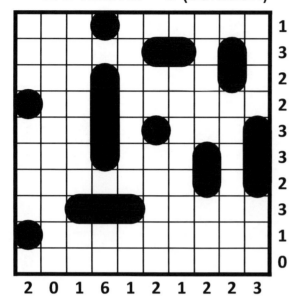

BATTLESHIP - 6 (Solution)

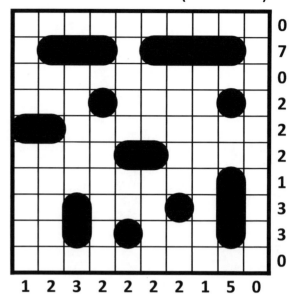

BATTLESHIP - 7 (Solution)

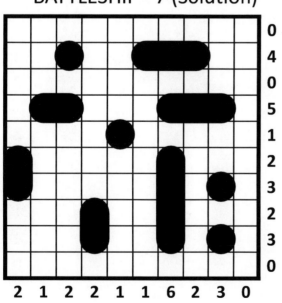

BATTLESHIP - 8 (Solution)

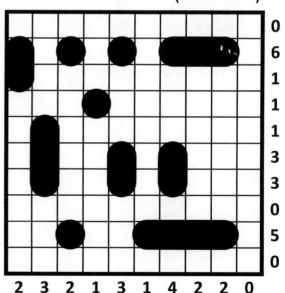

BATTLESHIP - 9 (Solution)

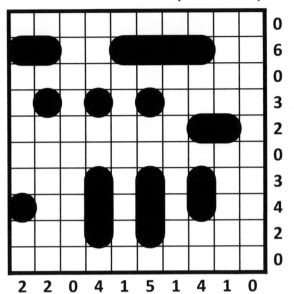

BATTLESHIP - 10 (Solution)

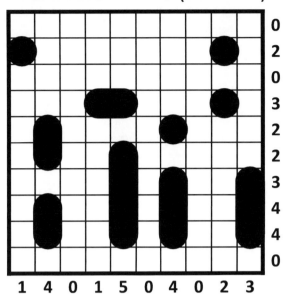

BATTLESHIP - 11 (Solution)

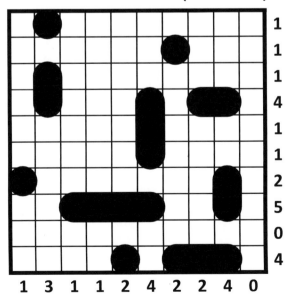

BATTLESHIP - 12 (Solution)

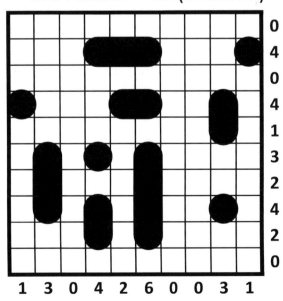

HOW TO PLAY
TIC- TAC-LOGIC

Tic-Tac-Logic is a single player puzzle based on tic-tac-toe.
Each puzzle consists of a grid containing X's and O's in various places.

The object is to place X or O in the remaining squares so that
1. there are no more than two consecutive X's or O's in a row or column;
2. the number of X's is the same as the number of O's in each row and column; and
3. all rows and all columns are unique.

TIC TAC LOGIC - 1

O			O	X	
	O		O		
O		O			O
	X		O		
	O	O			
X		O		O	X

TIC TAC LOGIC - 2

	X			X	O
O		X		X	X
X			X		
		O		X	
		X	O		X
			X		O

TIC TAC LOGIC - 3

X	O		O		O
O				O	
			X		
O		X	O		X
X	X			X	O
	X				

TIC TAC LOGIC - 4

	O		X		X
X		O		O	O
X				X	
	O	X			
				O	O
O				X	X

TIC TAC LOGIC - 5

O		O		X	X
X			X		
	O	X			
			O		O
O				O	X
X	O		O		

TIC TAC LOGIC - 6

O		X		O	
X	X		X		
		O			
			O	O	
O	X				O
X	O		O		O

TIC TAC LOGIC - 7

X		O			
O	X		O		X
		X		O	
	O	X			X
			X	O	
	O		O	X	

TIC TAC LOGIC - 8

O	X			O	
	X	O		O	O
X			O		
O		X	O		
	O	O		X	O

TIC TAC LOGIC - 9

	X		O	O	
		O			O
	O		X		
		O			X
X	O		X	O	
X			X		O

TIC TAC LOGIC - 10

X		O	X		
	X	X			X
X				X	O
	O		X		
O	O			O	
		X	O		

TIC TAC LOGIC - 11

X	O			O	
O		X		X	
	O				
X	X			O	
O			O		X
	X			X	O

TIC TAC LOGIC - 12

X		O	O		O
	X			X	
O				O	
	O		X		
O		X			X
		O		O	X

TIC TAC LOGIC - 13

		O	O		
O	X				O
	O	X		O	
			X	O	
O	O				X
		O		O	X

TIC TAC LOGIC - 14

		X		X	O
X		O	X		
X	X			X	O
	X		O		
		X		O	
X					O

TIC TAC LOGIC - 15

O	X		O		
X		X			X
		O	O		
O	O			O	X
X	O			X	O

TIC TAC LOGIC - 16

X		O	X		
	X	X		O	X
X			O	X	
	O	X			
O					O
X		O			

TIC TAC LOGIC - 17

	O		X	X	
O			X		X
	X	O		X	
			X		
O	X				X
	X			O	X

TIC TAC LOGIC - 18

			X		
X	X		O		O
	O			X	X
X			X		
O	X		O		X
	X			O	

TIC TAC LOGIC - 1 (Solution)

O	X	X	O	X	O
X	O	X	O	O	X
O	X	O	X	X	O
O	X	X	O	O	X
X	O	O	X	X	O
X	O	O	X	O	X

TIC TAC LOGIC - 2 (Solution)

X	X	O	O	X	O
O	O	X	O	X	X
X	O	O	X	O	X
O	X	O	X	X	O
O	X	X	O	O	X
X	O	X	X	O	O

TIC TAC LOGIC - 3 (Solution)

X	O	X	O	X	O
O	O	X	X	O	X
X	X	O	X	O	O
O	O	X	O	X	X
X	X	O	O	X	O
O	X	O	X	O	X

TIC TAC LOGIC - 4 (Solution)

O	O	X	X	O	X
X	X	O	X	O	O
X	X	O	O	X	O
O	O	X	O	X	X
X	O	X	X	O	O
O	X	O	O	X	X

TIC TAC LOGIC - 5 (Solution)

O	X	O	O	X	X
X	O	O	X	O	X
X	O	X	X	O	O
O	X	X	O	X	O
O	X	O	X	O	X
X	O	X	O	X	O

TIC TAC LOGIC - 6 (Solution)

O	O	X	X	O	X
X	X	O	X	O	O
O	X	O	O	X	X
X	O	X	O	O	X
O	X	O	X	X	O
X	O	X	O	X	O

TIC TAC LOGIC - 7 (Solution)

X	X	O	X	O	O
O	X	O	O	X	X
X	O	X	X	O	O
O	O	X	O	X	X
O	X	O	X	O	X
X	O	X	O	X	O

TIC TAC LOGIC - 8 (Solution)

O	X	X	O	O	X
X	X	O	X	O	O
X	O	X	O	X	O
O	O	X	O	X	X
O	X	O	X	O	X
X	O	O	X	X	O

TIC TAC LOGIC - 9 (Solution)

O	X	X	O	O	X
X	X	O	O	X	O
O	O	X	X	O	X
O	X	O	O	X	X
X	O	X	X	O	O
X	O	O	X	X	O

TIC TAC LOGIC - 10 (Solution)

X	O	O	X	X	O
O	X	X	O	O	X
X	X	O	O	X	O
X	O	O	X	O	X
O	O	X	X	O	X
O	X	X	O	X	O

TIC TAC LOGIC - 11 (Solution)

X	O	O	X	O	X
O	X	X	O	X	O
O	O	X	X	O	X
X	X	O	X	O	O
O	O	X	O	X	X
X	X	O	O	X	O

TIC TAC LOGIC - 12 (Solution)

X	X	O	O	X	O
O	X	X	O	X	O
O	O	X	X	O	X
X	O	O	X	X	O
O	X	X	O	O	X
X	O	O	X	O	X

TIC TAC LOGIC - 13 (Solution)

X	X	O	O	X	O
O	X	X	O	X	O
O	O	X	X	O	X
X	X	O	X	O	O
O	O	X	O	X	X
X	O	O	X	O	X

TIC TAC LOGIC - 14 (Solution)

O	X	X	O	X	O
X	O	O	X	O	X
X	X	O	O	X	O
O	X	X	O	O	X
O	O	X	X	O	X
X	O	O	X	X	O

TIC TAC LOGIC - 15 (Solution)

O	X	X	O	X	O
X	O	X	O	O	X
O	X	O	X	O	X
X	X	O	O	X	O
O	O	X	X	O	X
X	O	O	X	X	O

TIC TAC LOGIC - 16 (Solution)

X	O	O	X	O	X
O	X	X	O	O	X
X	X	O	O	X	O
O	O	X	X	O	X
O	X	X	O	X	O
X	O	O	X	X	O

TIC TAC LOGIC - 17 (Solution)

X	O	O	X	X	O
O	O	X	X	O	X
X	X	O	O	X	O
X	O	X	X	O	O
O	X	O	O	X	X
O	X	X	O	O	X

TIC TAC LOGIC - 18 (Solution)

O	O	X	X	O	X
X	X	O	O	X	O
O	O	X	O	X	X
X	O	X	X	O	O
O	X	O	O	X	X
X	X	O	X	O	O

HOW TO PLAY
HANGMAN

The game is typically played between two people.

- One person, the 'host' chooses a word and marks the length of the word on the grid.

- The other player has to guess the letters in this word/phrase before all the parts of the hangman are drawn,

- If the player guesses correctly the letter is marked in the correct place, if the player guesses incorrectly the host draws another part of the hangman,

- The game continues until

   - the word/phrase is guessed (all letters are revealed) in this case the second person has won

   - all the parts of the hangman are displayed in which case the second person has lost.

Word: _____

ABCDEFGHIJKLMN
OPQRSTUVWXYZ

Word: _____

ABCDEFGHIJKLMN
OPQRSTUVWXYZ

Word: _____

ABCDEFGHIJKLMN
OPQRSTUVWXYZ

Word: _____

ABCDEFGHIJKLMN
OPQRSTUVWXYZ

Word: _____

ABCDEFGHIJKLMN
OPQRSTUVWXYZ

Word: _____

ABCDEFGHIJKLMN
OPQRSTUVWXYZ

Word: _____

ABCDEFGHIJKLMN
OPQRSTUVWXYZ

Word: _____

ABCDEFGHIJKLMN
OPQRSTUVWXYZ

Word: _____

ABCDEFGHIJKLMN
OPQRSTUVWXYZ

Word: _____

ABCDEFGHIJKLMN
OPQRSTUVWXYZ

Word: _____

ABCDEFGHIJKLMN
OPQRSTUVWXYZ

Word: _____

ABCDEFGHIJKLMN
OPQRSTUVWXYZ

Word: _____

ABCDEFGHIJKLMN
OPQRSTUVWXYZ

Word: _____

ABCDEFGHIJKLMN
OPQRSTUVWXYZ

Word: _____

ABCDEFGHIJKLMN
OPQRSTUVWXYZ

Word: _____

ABCDEFGHIJKLMN
OPQRSTUVWXYZ

Word: _____

ABCDEFGHIJKLMN
OPQRSTUVWXYZ

Word: _____

ABCDEFGHIJKLMN
OPQRSTUVWXYZ

Word: _____

ABCDEFGHIJKLMN
OPQRSTUVWXYZ

Word: _____

ABCDEFGHIJKLMN
OPQRSTUVWXYZ

Word: _____

ABCDEFGHIJKLMN
OPQRSTUVWXYZ

Word: _____

ABCDEFGHIJKLMN
OPQRSTUVWXYZ

Word: _____

ABCDEFGHIJKLMN
OPQRSTUVWXYZ

Word: _____

ABCDEFGHIJKLMN
OPQRSTUVWXYZ

Word: _____

A B C D E F G H I J K L M N
O P Q R S T U V W X Y Z

Word: _____

A B C D E F G H I J K L M N
O P Q R S T U V W X Y Z

Word: _____

A B C D E F G H I J K L M N
O P Q R S T U V W X Y Z

Word: _____

A B C D E F G H I J K L M N
O P Q R S T U V W X Y Z

Word: _____

A B C D E F G H I J K L M N
O P Q R S T U V W X Y Z

Word: _____

A B C D E F G H I J K L M N
O P Q R S T U V W X Y Z

Word: _____

A B C D E F G H I J K L M N
O P Q R S T U V W X Y Z

Word: _____

A B C D E F G H I J K L M N
O P Q R S T U V W X Y Z

Word: _____

A B C D E F G H I J K L M N
O P Q R S T U V W X Y Z

Word: _____

A B C D E F G H I J K L M N
O P Q R S T U V W X Y Z

Word: _____

A B C D E F G H I J K L M N
O P Q R S T U V W X Y Z

Word: _____

A B C D E F G H I J K L M N
O P Q R S T U V W X Y Z

TIC- TAC -TOC

HOW TO PLAY

The game is played on a grid that's 9 squares

- You are X, the other player is O.

- Players take turns putting their marks in empty squares.

- The first player to get 3 of her marks in a row (up, down, across, or diagonally) is the winner.

- When all 9 squares are full, the game is over.

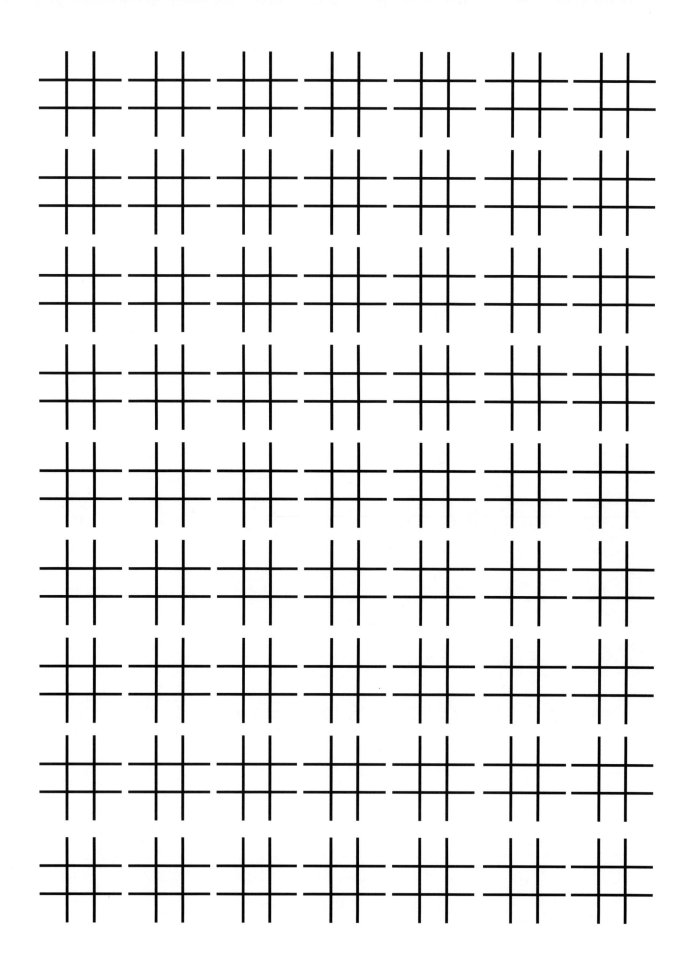

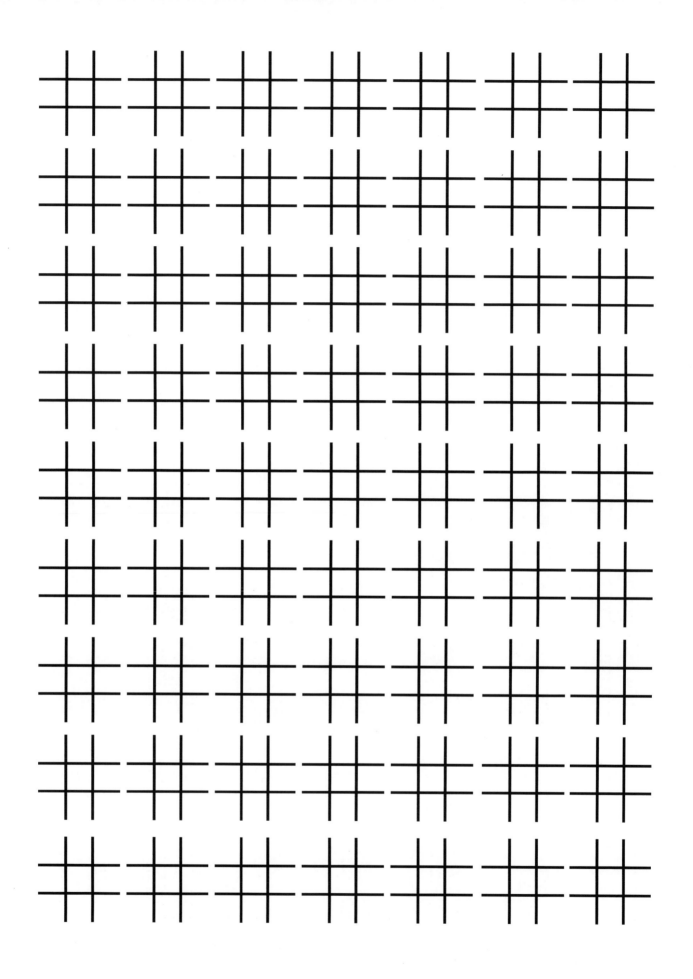

HOW TO PLAY
KAKURASU

The goal is to fill (color) some cells to satisfy the clues.

The numbers across the bottom and down the right are the clues, and equal the row and column totals for the colored cells.

The numbers across the top and down the left are the values for each of the cells in the rows and columns (the first cell in a row or column is worth 1, the second 2, the third 3, etc.).

KAKURASU - 1

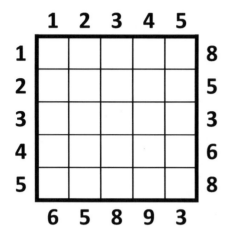

KAKURASU - 2

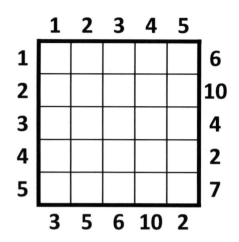

KAKURASU - 3

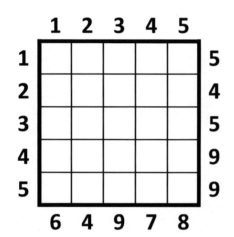

KAKURASU - 4

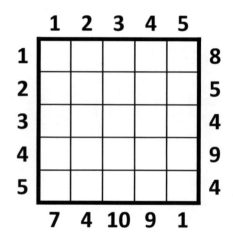

KAKURASU - 5

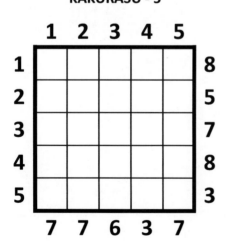

KAKURASU - 6

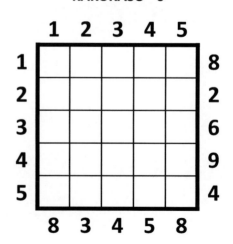

KAKURASU - 7

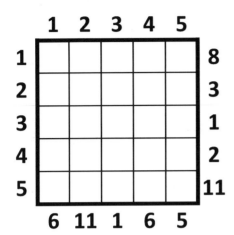

KAKURASU - 8

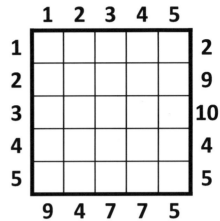

KAKURASU - 9

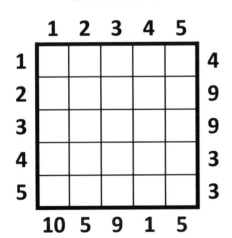

KAKURASU - 10

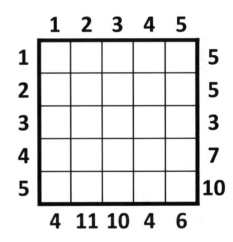

KAKURASU - 11

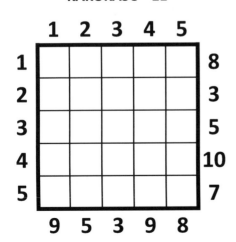

KAKURASU - 12

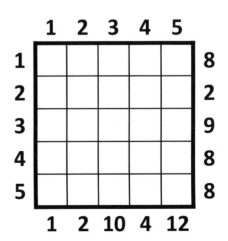

KAKURASU - 13

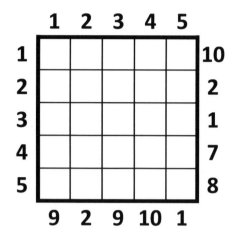

KAKURASU - 14

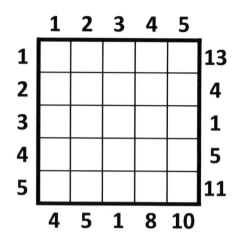

KAKURASU - 15

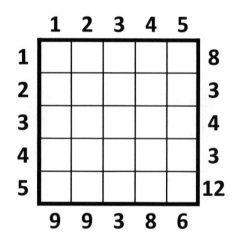

KAKURASU - 16

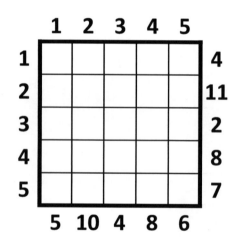

KAKURASU - 17

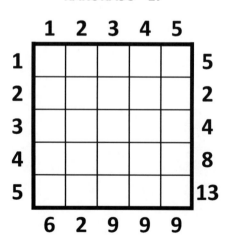

KAKURASU - 18

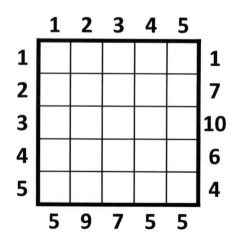

KAKURASU - 1 (Solution)

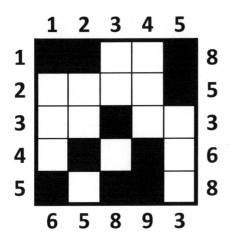

KAKURASU - 2 (Solution)

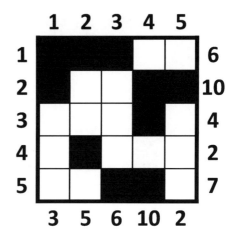

KAKURASU - 3 (Solution)

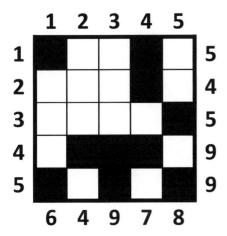

KAKURASU - 4 (Solution)

KAKURASU - 5 (Solution)

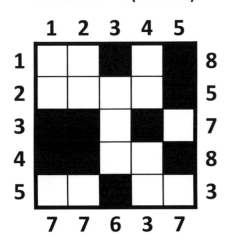

KAKURASU - 6 (Solution)

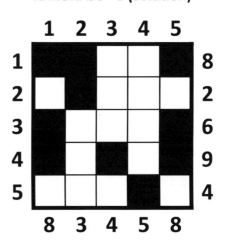

KAKURASU - 7 (Solution)

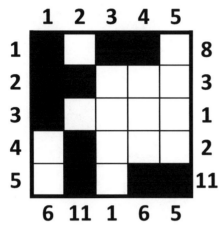

KAKURASU - 8 (Solution)

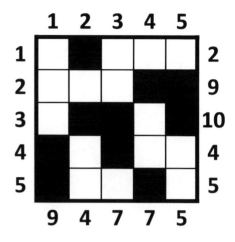

KAKURASU - 9 (Solution)

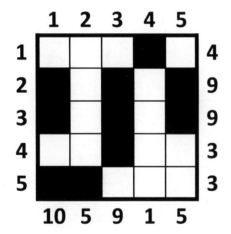

KAKURASU - 10 (Solution)

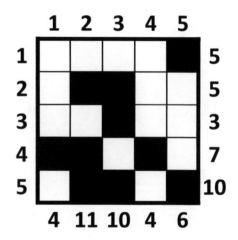

KAKURASU - 11 (Solution)

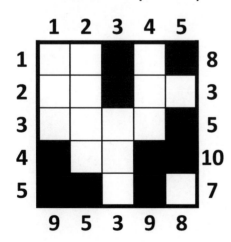

KAKURASU - 12 (Solution)

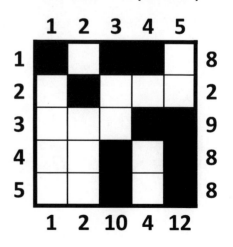

KAKURASU - 13 (Solution)

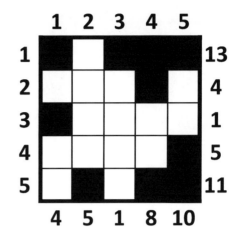

KAKURASU - 14 (Solution)

KAKURASU - 15 (Solution)

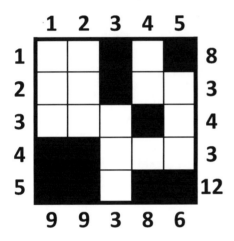

KAKURASU - 16 (Solution)

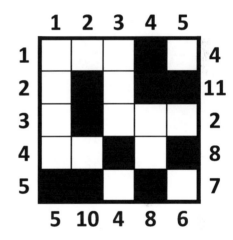

KAKURASU - 17 (Solution)

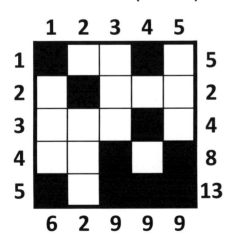

KAKURASU - 18 (Solution)

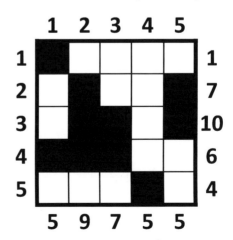

HOW TO PLAY
SKYSCRAPER

A Skyscraper puzzle consists of a square grid with some exterior 'skyscraper' clues.

Every square in the grid must be filled with a digit from 1 to n (n is the size of the grid) so that every row and column contains one of each digit.

In Skyscraper each digit placed in the grid can be visualised as a building of that many storeys. A '5' is a 5 storey building, for example.

Each number outside the grid reveals the number of 'buildings' that can be seen from that point, looking along the adjacent row or column.

Every building blocks all buildings of a lower height from view, while taller buildings are still visible beyond it.

SKYSCRAPER - 1
Easy

SKYSCRAPER - 2
Easy

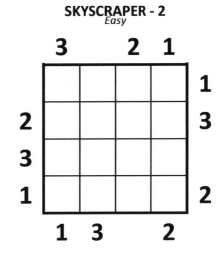

SKYSCRAPER - 3
Easy

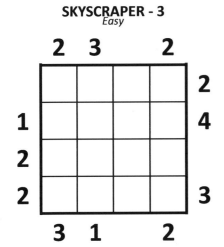

SKYSCRAPER - 4
Easy

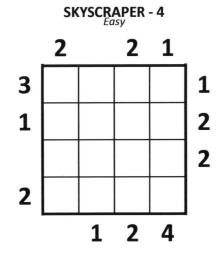

SKYSCRAPER - 5
Easy

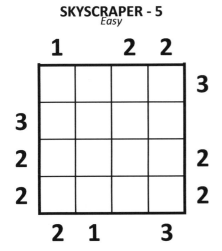

SKYSCRAPER - 6
Easy

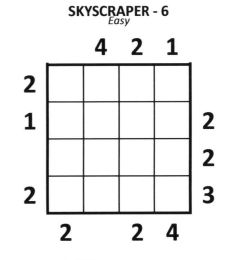

SKYSCRAPER - 7
Easy

```
        4   2   2
    ┌───┬───┬───┬───┐
    │   │   │   │   │ 3
    ├───┼───┼───┼───┤
  2 │   │   │   │   │ 2
    ├───┼───┼───┼───┤
  3 │   │   │   │   │ 1
    ├───┼───┼───┼───┤
  2 │   │   │   │   │
    └───┴───┴───┴───┘
        4   1   2
```

SKYSCRAPER - 8
Easy

```
        1   2   3
    ┌───┬───┬───┬───┐
  1 │   │   │   │   │ 3
    ├───┼───┼───┼───┤
  3 │   │   │   │   │ 1
    ├───┼───┼───┼───┤
    │   │   │   │   │
    ├───┼───┼───┼───┤
  2 │   │   │   │   │ 2
    └───┴───┴───┴───┘
        1   2   2
```

SKYSCRAPER - 9
Easy

```
        2       1   3
    ┌───┬───┬───┬───┐
  2 │   │   │   │   │ 2
    ├───┼───┼───┼───┤
  2 │   │   │   │   │
    ├───┼───┼───┼───┤
  3 │   │   │   │   │ 1
    ├───┼───┼───┼───┤
    │   │   │   │   │ 2
    └───┴───┴───┴───┘
        1   3       2
```

SKYSCRAPER - 10
Easy

```
        2       3   1
    ┌───┬───┬───┬───┐
    │   │   │   │   │ 1
    ├───┼───┼───┼───┤
  2 │   │   │   │   │
    ├───┼───┼───┼───┤
  3 │   │   │   │   │ 2
    ├───┼───┼───┼───┤
  1 │   │   │   │   │ 3
    └───┴───┴───┴───┘
        1   3       3
```

SKYSCRAPER - 11
Easy

```
        1   3   2
    ┌───┬───┬───┬───┐
  1 │   │   │   │   │ 2
    ├───┼───┼───┼───┤
    │   │   │   │   │ 2
    ├───┼───┼───┼───┤
  4 │   │   │   │   │ 1
    ├───┼───┼───┼───┤
  2 │   │   │   │   │
    └───┴───┴───┴───┘
        2   1   2
```

SKYSCRAPER - 12
Easy

```
        2   2   3
    ┌───┬───┬───┬───┐
  2 │   │   │   │   │ 1
    ├───┼───┼───┼───┤
  1 │   │   │   │   │
    ├───┼───┼───┼───┤
  2 │   │   │   │   │ 2
    ├───┼───┼───┼───┤
    │   │   │   │   │ 2
    └───┴───┴───┴───┘
        2   2       3
```

SKYSCRAPER - 13
Easy

SKYSCRAPER - 14
Easy
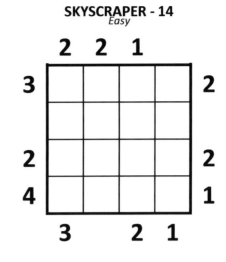

SKYSCRAPER - 15
Easy
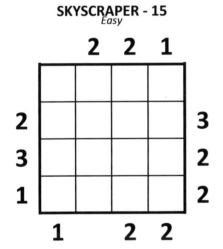

SKYSCRAPER - 16
Easy
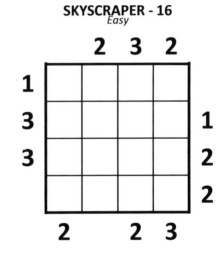

SKYSCRAPER - 17
Easy
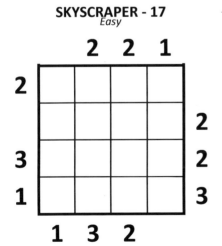

SKYSCRAPER - 18
Easy
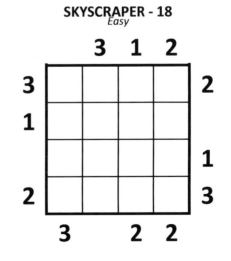

SKYSCRAPER - 1 (Solution)
Easy

	1	2	4	2	
1	4	2	1	3	2
2	3	1	2	4	1
2	1	4	3	2	3
3	2	3	4	1	2
	3	2	1	3	

SKYSCRAPER - 2 (Solution)
Easy

	3	2	2	1	
3	2	1	3	4	1
2	3	4	2	1	3
3	1	3	4	2	2
1	4	2	1	3	2
	1	3	2	2	

SKYSCRAPER - 3 (Solution)
Easy

	2	3	1	2	
2	2	1	4	3	2
1	4	3	2	1	4
2	3	2	1	4	1
2	1	4	3	2	3
	3	1	2	2	

SKYSCRAPER - 4 (Solution)
Easy

	2	2	2	1	
3	1	3	2	4	1
1	4	2	1	3	2
2	3	1	4	2	2
2	2	4	3	1	3
	3	1	2	4	

SKYSCRAPER - 5 (Solution)
Easy

	1	3	2	2	
1	4	2	3	1	3
3	1	3	2	4	1
2	2	1	4	3	2
2	3	4	1	2	2
	2	1	2	3	

SKYSCRAPER - 6 (Solution)
Easy

	2	4	2	1	
2	3	1	2	4	1
1	4	2	1	3	2
3	1	3	4	2	2
2	2	4	3	1	3
	2	1	2	4	

SKYSCRAPER - 7 (Solution)
Easy

	1	4	2	2	
1	4	1	3	2	3
2	3	2	4	1	2
3	2	3	1	4	1
2	1	4	2	3	2
	4	1	2	2	

SKYSCRAPER - 8 (Solution)
Easy

	1	2	3	2	
1	4	3	1	2	3
3	2	1	3	4	1
2	3	2	4	1	2
2	1	4	2	3	2
	3	1	2	2	

SKYSCRAPER - 9 (Solution)
Easy

	2	2	1	3	
2	3	2	4	1	2
2	1	4	3	2	3
3	2	3	1	4	1
1	4	1	2	3	2
	1	3	3	2	

SKYSCRAPER - 10 (Solution)
Easy

	2	2	3	1	
2	3	2	1	4	1
2	1	4	2	3	2
3	2	3	4	1	2
1	4	1	3	2	3
	1	3	2	3	

SKYSCRAPER - 11 (Solution)
Easy

	1	3	2	2	
1	4	1	2	3	2
3	2	3	4	1	2
4	1	2	3	4	1
2	3	4	1	2	2
	2	1	3	2	

SKYSCRAPER - 12 (Solution)
Easy

	2	2	3	1	
2	3	2	1	4	1
1	4	1	3	2	3
2	1	4	2	3	2
3	2	3	4	1	2
	2	2	1	3	

SKYSCRAPER - 13 (Solution)
Easy

	3	1	3	2	
2	1	4	2	3	2
3	2	3	1	4	1
1	4	2	3	1	3
2	3	1	4	2	2
	2	4	1	2	

SKYSCRAPER - 14 (Solution)
Easy

	2	2	1	3	
3	2	3	4	1	2
1	4	1	2	3	2
2	3	4	1	2	2
4	1	2	3	4	1
	3	2	2	1	

SKYSCRAPER - 15 (Solution)
Easy

	3	2	2	1	
3	2	1	3	4	1
2	3	4	2	1	3
3	1	3	4	2	2
1	4	2	1	3	2
	1	3	2	2	

SKYSCRAPER - 16 (Solution)
Easy

	1	2	3	2	
1	4	3	2	1	4
3	2	1	3	4	1
3	1	2	4	3	2
2	3	4	1	2	2
	2	1	2	3	

SKYSCRAPER - 17 (Solution)
Easy

	2	2	2	1	
2	3	1	2	4	1
2	2	4	1	3	2
3	1	3	4	2	2
1	4	2	3	1	3
	1	3	2	4	

SKYSCRAPER - 18 (Solution)
Easy

	2	3	1	2	
3	1	2	4	3	2
1	4	3	1	2	3
2	3	1	2	4	1
2	2	4	3	1	3
	3	1	2	2	

HOW TO PLAY
ABC PATH

ABC Path consists of a 5x5 grid. Around the edges of the grid are the letters B to Y. The letter A has been placed.

- The goal is to fill in all the cells so that all letters A to Y appear exactly once.

- Each letter must appear in the row, column, or diagonal corresponding to its clue.

- Each letter must be a neighbor to the letter that comes before and after it.

ABC PATH - 1
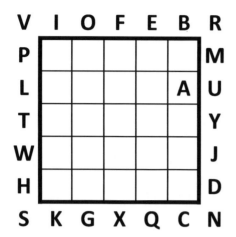

ABC PATH - 2
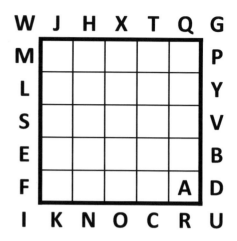

ABC PATH - 3
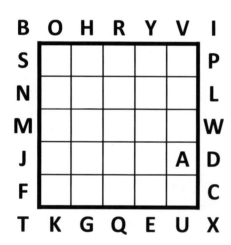

ABC PATH - 4
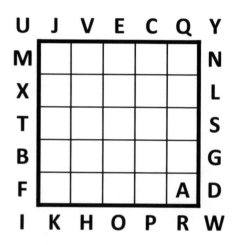

ABC PATH - 5
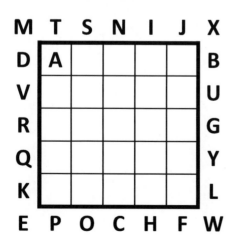

ABC PATH - 6
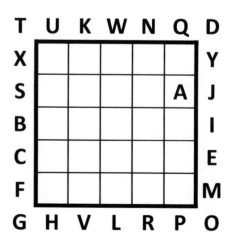

ABC PATH - 7
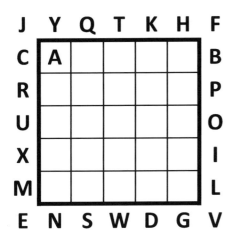

ABC PATH - 8
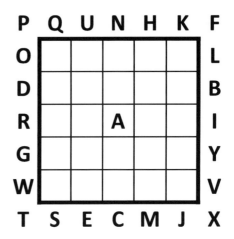

ABC PATH - 9
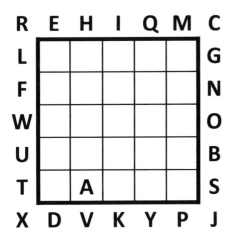

ABC PATH - 10
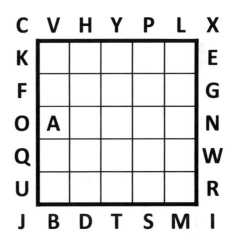

ABC PATH - 11
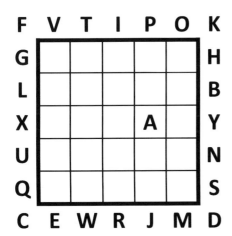

ABC PATH - 12
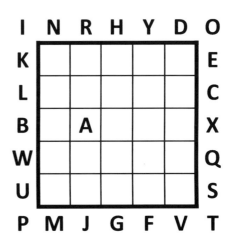

ABC PATH - 13
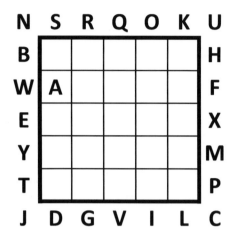

ABC PATH - 14
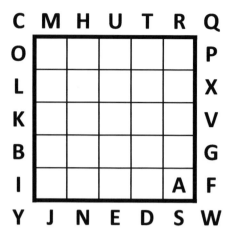

ABC PATH - 15
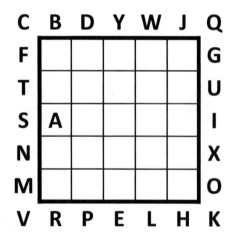

ABC PATH - 16
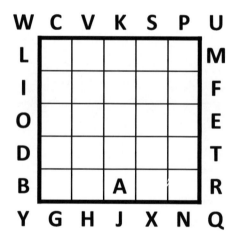

ABC PATH - 17
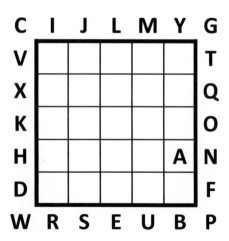

ABC PATH - 18
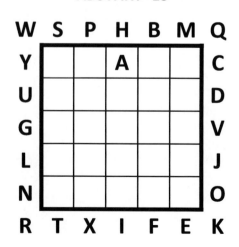

ABC PATH - 1 (Solution)

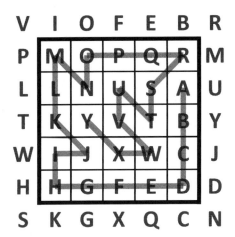

ABC PATH - 2 (Solution)

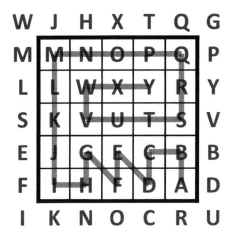

ABC PATH - 3 (Solution)

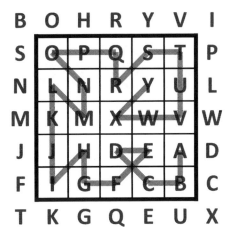

ABC PATH - 4 (Solution)

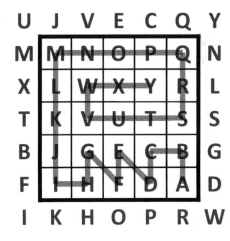

ABC PATH - 5 (Solution)

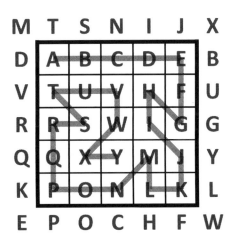

ABC PATH - 6 (Solution)

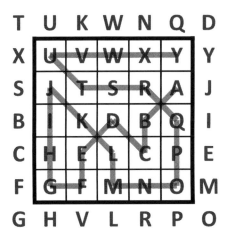

ABC PATH - 7 (Solution)

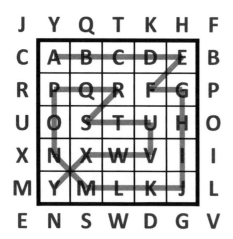

ABC PATH - 8 (Solution)

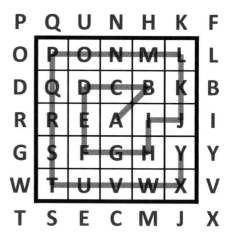

ABC PATH - 9 (Solution)

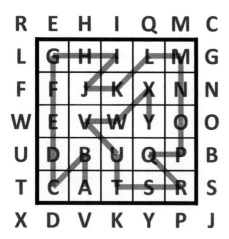

ABC PATH - 10 (Solution)

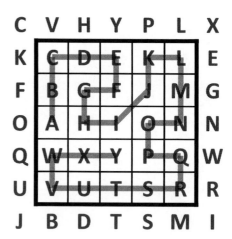

ABC PATH - 11 (Solution)

ABC PATH - 12 (Solution)

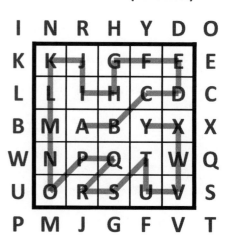

ABC PATH - 13 (Solution)

ABC PATH - 14 (Solution)
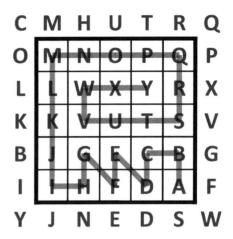

ABC PATH - 15 (Solution)
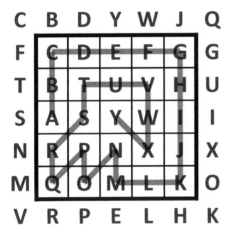

ABC PATH - 16 (Solution)
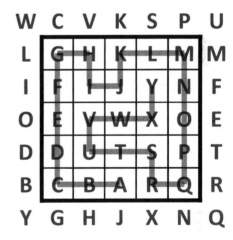

ABC PATH - 17 (Solution)
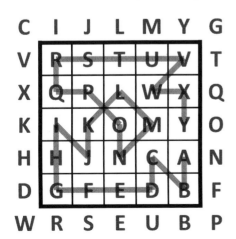

ABC PATH - 18 (Solution)

HOW TO PLAY
MINES FINDER

There are a series of mines hidden randomly in the grid. You need to work out the location of these mines and mark them in.

To help you work out the location of the mines some squares have a number in. This number tells you the number of mines
that are hidden in adjacent squares to that one, up, down, left, right and diagonal.

Squares that contain a numbers cannot contain a mine.

MINES FINDER - 1

		1				1	
	1	2	3	4	3	2	
	2		2	1		2	1
	3		3	2	2	4	
	2		3	2		3	
1	2	1	2		4	4	2
	1	1	2	3			1
1	1	1		2	2	2	1

MINES FINDER - 2

				1	2	3	2
2	2	2	2	3			
		3			3	4	
3	3	4		3	1	1	1
2		3	2	1		1	1
	4		2			1	
1	3		3	1		1	1
	1	2		1			

MINES FINDER - 3

		1	3		2		
		2			3	1	1
1	1	3		3	2		1
2		4	3	4	3	2	1
2		4				1	
1	2	5			4	2	1
	1			3	2		1
	1	2	2	1	1	1	1

MINES FINDER - 4

2		4		3	1	1	
4		5		4		2	1
		4	3		3	3	
3	3	4		4		3	2
1		3		3	2		1
1	1	2	1	1	1	1	1
				1	1	1	
				1		1	

MINES FINDER - 5

	1		2		2	1	
1	2	3	3	4		2	
2		5		4		2	
3				3	1	1	
2		4	3	2	1		
2	3	3	2		2	1	
1			3	3		1	
1	2	2	2		2	1	

MINES FINDER - 6

	1			1	1	1	1
1	3	4	3	1	1		1
1			2		1	1	1
2	4		3	2	2	2	1
1		3		3			1
1	2	3	3	4		4	2
1	2		2		3		1
1		2	2	1	2	1	1

MINES FINDER - 7

			1	1	2	1	1
	1	1	3		3		1
1	2		5		6	3	2
1		3					1
2	2	3	2	5		4	1
1		2	2	4		2	
1	2	3			2	1	
	1		3	2	1		

MINES FINDER - 8

1	1	2		2		2	1
1		3	2	3	1	2	
2	3	4		1	1	2	2
1			3	3	3		1
2	3	3	2			3	1
1		2	2	4		2	
1	1	2		2	2	2	1
		1	1	1	1		1

MINES FINDER - 9

1	1	2	1	1			
1		3		2			
2	3	5		2		1	1
2			2	1	1	3	
3		5	3	2	2		
	3			2		3	2
2	3	3	3	3	2	1	
1		1	1		1		

MINES FINDER - 10

1	2	2	1			1	1
1			2	1	1	2	
3	5		2	1		2	1
		3	2	3	2	2	
3	3	2		2		2	1
	2	3	3	4	3		1
1	2			2		3	2
	1	2	2	2	2		1

MINES FINDER - 11

		1	2	2	1		
2	2	3			3	2	1
		3		4			2
2	3	4	3	3	3		3
	1			2	2	3	
	2	4		2	1		2
	2		3	1	1	1	1
	2		2				

MINES FINDER - 12

1	2	2	1				
1			3	2	1	1	1
2	3	4			3	2	
1		3	4			3	2
1	2		2	2	4		2
1	2	3	2	1	2		2
2		3		2	2	1	1
2		3	2		1		

MINES FINDER - 13

2		4		2	2		1
2			3	4		3	1
2	3	4		3		2	
2		3	1	3	2	2	
2		2		1		2	1
1	1	1		1	3		2
		1	1	1	3		3
		1		1	2		2

MINES FINDER - 14

	2		3	2	1	1	
	2			2		1	
	1	2	3	3	3	2	1
2	3	3	3		3		2
				2	3		2
3		4	2	1	1	1	1
1	2	2	1		1	2	2
	1		1		1		

MINES FINDER - 15

	1		1				
	2	3	4	2	1		
	1				1	1	1
	1	3		4	2	1	
		2	4		4	3	2
	1	3					2
	1			5	5		2
	1	2	2	2		2	1

MINES FINDER - 16

1				2	1		
1	3		4		1		
1	2	3	4	4	3	1	
2		4				2	
2			4			2	
1	2	2	2	3	3	2	
			1			2	1
			1	1	2		

MINES FINDER - 17

	2		3	1	1	1	
	2		3		2	2	1
	1	1	2	2		1	
	1	2	2	2	2	2	1
2	3			1	1		2
		4	3	2	1	3	
	3	2		1		2	
1	1	1	1	1		1	1

MINES FINDER - 18

	1	1	1				
1	2		1	1	1	2	1
1		2	2	2		3	
1	1	1	1		3		2
2	3	3	4	4	5	3	2
							1
2	4		4	4		3	1
	1	1	1	1	1	1	

MINES FINDER - 1 (Solution)

		1	●	●	●	1	
	1	2	3	4	3	2	
	2	●	2	1	●	2	1
	3	●	3	2	2	4	●
	2	●	3	2	●	3	●
1	2	1	2	●	4	4	2
●	1	1	2	3	●	●	1
1	1	1	●	2	2	2	1

MINES FINDER - 2 (Solution)

				1	2	3	2
2	2	2	2	3	●	●	●
●	●	3	●	●	3	4	●
3	3	4	●	3	1	1	1
2	●	3	2	1		1	1
●	4	●	2			1	●
1	3	●	3	1		1	1
	1	2	●	1			

MINES FINDER - 3 (Solution)

		1	3	●	2		
		2	●	●	3	1	1
1	1	3	●	3	2	●	1
2	●	4	3	4	3	2	1
2	●	4	●	●	●	1	
1	2	5	●	●	4	2	1
	1	●	●	3	2	●	1
	1	2	2	1	1	1	1

MINES FINDER - 4 (Solution)

2	●	4	●	3	1	1	
4	●	5	●	4	●	2	1
●	●	4	3	●	3	3	●
3	3	4	●	4	●	3	2
1	●	3	●	3	2	●	1
1	1	2	1	1	1	1	1
				1	1	1	
				1	●	1	

MINES FINDER - 5 (Solution)

	1	●	2	●	2	1	
1	2	3	3	4	●	2	
2	●	5	●	4	●	2	
3	●	●	●	3	1	1	
2	●	4	3	2	1		
2	3	3	2	●	2	1	
1	●	●	3	3	●	1	
1	2	2	2	●	2	1	

MINES FINDER - 6 (Solution)

	1	●	●	1	1	1	1
1	3	4	3	1	1	●	1
1	●	●	2		1	1	1
2	4	●	3	2	2	2	1
1	●	3	●	3	●	●	1
1	2	3	3	4	●	4	2
1	2	●	2	●	3	●	1
1	●	2	2	1	2	1	1

MINES FINDER - 7 (Solution)

			1	1	2	1	1
	1	1	3	●	3	●	1
1	2	●	5	●	6	3	2
1	●	3	●	●	●	●	1
2	2	3	2	5	●	4	1
1	●	2	2	4	●	2	
1	2	3	●	●	2	1	
	1	●	3	2	1		

MINES FINDER - 8 (Solution)

1	1	2	●	2	●	2	1
1	●	3	2	3	1	2	●
2	3	4	●	1	1	2	2
1	●	●	3	3	3	●	1
2	3	3	2	●	●	3	1
1	●	2	2	4	●	2	
1	1	2	●	2	2	2	1
		1	1	1	1	●	1

MINES FINDER - 9 (Solution)

1	1	2	1	1			
1	●	3	●	2			
2	3	5	●	2		1	1
2	●	●	2	1	1	3	●
3	●	5	3	2	2	●	●
●	3	●	●	2	●	3	2
2	3	3	3	3	2	1	
1	●	1	1	●	1		

MINES FINDER - 10 (Solution)

1	2	2	1			1	1
1	●	●	2	1	1	2	●
3	5	●	2	1	●	2	1
●	●	3	2	3	2	2	
3	3	2	●	2	●	2	1
●	2	3	3	4	3	●	1
1	2	●	●	2	●	3	2
	1	2	2	2	2	●	1

MINES FINDER - 11 (Solution)

		1	2	2	1		
2	2	3	●	●	3	2	1
●	●	3	●	4	●	●	2
2	3	4	3	3	3	●	3
	1	●	●	2	2	3	●
	2	4	●	2	1	●	2
	2	●	3	1	1	1	1
	2	●	2				

MINES FINDER - 12 (Solution)

1	2	2	1				
1	●	●	3	2	1	1	1
2	3	4	●	●	3	2	●
1	●	3	4	●	●	3	2
1	2	●	2	2	4	●	2
1	2	3	2	1	2	●	2
2	●	3	●	2	2	1	1
2	●	3	2	●	1		

MINES FINDER - 13 (Solution)

2	●	4	●	2	2	●	1
2	●	●	3	4	●	3	1
2	3	4	●	3	●	2	
2	●	3	1	3	2	2	
2	●	2		1	●	2	1
1	1	1		1	3	●	2
		1	1	1	3	●	3
		1	●	1	2	●	2

MINES FINDER - 14 (Solution)

	2	●	3	2	1	1	
	2	●	●	2	●	1	
	1	2	3	3	3	2	1
2	3	3	3	●	3	●	2
●	●	●	●	2	3	●	2
3	●	4	2	1	1	1	1
1	2	2	1		1	2	2
	1	●	1		1	●	●

MINES FINDER - 15 (Solution)

	1	●	1				
	2	3	4	2	1		
	1	●	●	●	1	1	1
	1	3	●	4	2	1	●
		2	4	●	4	3	2
	1	3	●	●	●	●	2
	1	●	●	5	5	●	2
	1	2	2	2	●	2	1

MINES FINDER - 16 (Solution)

1	●	●	●	2	1		
1	3	●	4	●	1		
1	2	3	4	4	3	1	
2	●	4	●	●	●	2	
2	●	●	4	●	●	2	
1	2	2	2	3	3	2	
				1	●	2	1
				1	1	2	●

MINES FINDER - 17 (Solution)

	2	●	3	1	1	1	●
	2	●	3	●	2	2	1
	1	1	2	2	●	1	
	1	2	2	2	2	2	1
2	3	●	●	1	1	●	2
●	●	4	3	2	1	3	●
●	3	2	●	1		2	●
1	1	1	1	1		1	1

MINES FINDER - 18 (Solution)

	1	1	1				
1	2	●	1	1	1	2	1
1	●	2	2	2	●	3	●
1	1	1	1	●	3	●	2
2	3	3	4	4	5	3	2
●	●	●	●	●	●	●	1
2	4	●	4	4	●	3	1
	1	1	1	1	1	1	

HOW TO PLAY
WORD PUZZLE

The aim is to find as many words as you can in the grid within 4 minutes, whilst adhering to the following rules

- The letters must be adjoining in a 'chain'. (Letters in the chain may be adjacent horizontally, vertically, or diagonally).
- Each word must contain at least three letters.
- No letter 'box' may be used more than once within a single word.

SCORING

The scoring is as follow

Fewer than 3 Letters no score
- 3 Letters 1 point
- 4 Letters 1 point
- 5 Letters 2 points
- 6 Letters 3 points
- 7 Letters 4 points
- 8 or More Letters 11 points

RULES

- You can mark down the singular and plural forms of a noun e.g. dog & dogs,
- You may only write a word down once even if you can form it with different letter 'boxes',
- Any word that is found in the Dictionary is allowed,
- You can mark down words within other words e.g. with angled you could also have led and angle.

WORD PUZZLE - 1

A	C	E	O	K	R	E	I
U	I	G	Z	Y	L	A	X
I	N	U	E	N	Z	F	Y
D	B	Y	G	E	O	Y	E
W	U	P	D	Q	I	S	O
M	Q	U	S	B	P	J	F
O	A	H	J	R	T	W	A
Y	M	V	X	V	C	I	A

WORD PUZZLE - 2

P	J	G	B	U	I	N	D
Y	H	E	J	V	X	H	A
N	V	O	R	C	L	Q	C
O	E	I	D	O	A	K	W
S	Y	E	F	Z	O	Y	T
S	P	U	Q	T	M	A	A
Y	A	L	X	E	I	U	R
G	I	Z	F	U	K	M	B

_____ _____ _____ _____

_____ _____ _____ _____

_____ _____ _____ _____

_____ _____ _____ _____

WORD PUZZLE - 3

E	W	F	C	C	N	T	R
I	O	P	E	M	B	A	U
Y	V	K	J	S	K	G	O
D	E	H	L	R	X	T	D
Y	I	A	W	U	Y	V	P
J	M	G	Z	A	Z	S	H
F	O	Q	Q	L	U	N	X
Y	O	I	O	U	E	A	I

WORD PUZZLE - 4

K	V	P	O	S	A	Q	M
Y	H	B	U	P	T	F	W
Z	E	O	A	R	W	L	I
H	Q	X	E	I	D	A	I
Y	J	E	A	E	O	X	C
N	K	F	U	G	T	U	L
S	R	G	C	B	M	Y	I
V	Y	Z	D	J	O	N	U

_____ _____ _____ _____ _____

_____ _____ _____ _____ _____

_____ _____ _____ _____ _____

_____ _____ _____ _____ _____

WORD PUZZLE - 5

U	K	N	V	V	D	W	P
M	G	Q	X	F	W	E	Z
I	K	F	Y	J	B	I	T
I	X	O	R	Z	R	S	Y
P	H	A	O	U	C	H	L
N	B	E	Y	E	Q	C	J
S	T	A	L	G	Y	Y	U
A	O	A	O	I	U	A	E

_____ _____ _____ _____ _____

_____ _____ _____ _____ _____

_____ _____ _____ _____ _____

_____ _____ _____ _____ _____

WORD PUZZLE - 6

J	O	L	A	W	Q	K	U
S	U	X	E	B	R	O	O
F	I	I	E	H	A	N	X
I	D	A	D	U	Y	C	T
E	O	I	M	F	S	Y	G
Y	Z	R	H	K	O	W	V
M	N	V	E	Y	J	P	C
B	T	A	G	U	P	I	U

_____ _____ _____ _____

_____ _____ _____ _____

_____ _____ _____ _____

_____ _____ _____ _____

WORD PUZZLE - 7

I	B	Y	U	W	R	Y	C
T	K	U	H	A	W	M	D
A	P	F	V	I	T	E	O
P	E	Y	N	X	K	O	D
X	Q	A	U	Z	C	F	I
H	I	B	J	Q	Z	Y	O
S	O	N	J	S	G	E	U
L	E	M	L	V	R	A	G

Printed in Great Britain
by Amazon